博瑞森图书
BRACE

企业阅读 本土实践

像美国人一样讲话

地道美语800句

马方旭 著

中华工商联合出版社

图书在版编目（CIP）数据

像美国人一样讲话：地道美语800句/马方旭著.—北京：中华工商联合出版社，2018.9

ISBN 978-7-5158-2403-1

Ⅰ.①像…　Ⅱ.①马…　Ⅲ.①英语－口语－美国　Ⅳ.①H319.9

中国版本图书馆CIP数据核字（2018）第177534号

像美国人一样讲话：地道美语800句

作　　者：马方旭
责任编辑：于建廷　臧赞杰
责任审读：郭敬梅
封面设计：杨羽箫
责任印制：迈致红
出版发行：中华工商联合出版社有限责任公司
印　　刷：河北宝昌佳彩印刷有限公司
版　　次：2018年10月第1版
印　　次：2019年12月第2次印刷
开　　本：710mm×1000mm　1/16
字　　数：200千字
印　　张：18.75
书　　号：ISBN 978-7-5158-2403-1
定　　价：66.00元

服务热线：010－58301130
团购热线：010－58302813
地址邮编：北京市西城区西环广场A座
19－20层，100044
http：//www.chgslcbs.cn
E-mail：cicap1202@sina.com（营销中心）
E-mail：gslzbs@sina.com（总编室）

导读

INTRODUCTION

语言的学习实质上就是一个模仿的过程，一个单词，一个表达，或是一句话，你听得多了，听得熟了自然就可以完成听力输入的训练。一个单词，一个表达，或是一句话，你用得多了，并且知道在什么场景下使用，也就完成了口语输出的训练。但前提是，所有的输入与输出都要建立在正确地道的基础之上。

在国外的很多国人连最基本的点餐、问路等日常用语都不会表达，甚至有的人连上厕所的大小便都不会讲，原因就在于在国内，很少有一家机构或教科书中会呈现较为地道的英语表达方式。无论是中学还是大学的英语教科书，其上面所呈现的英语内容都是很官方的，很书面化的，或者直白地来讲，是为了让你通过国内的英语考试的，并没有做到“地道”“实用”两个方面。这也就解释了为什么你课本上的内容都学得很好，练习得很好，但是仍然无法同 native speakers 侃侃而谈。因为他们中很少会有人会像书本上的内容所呈现的那样与你“官方”地交谈。所以，很多时候我们大部分的人觉得自己的英文表达切不到点，实质上就是你的“官方”表达没有达到足够“地道”，或者是在一个特定的场合下，你根本不知道什么样的表达才最贴合，最恰当。

本书包括了在美国最常见，也最常用的 800 句习惯用语表达，其中还包括了少量常用俚语表达，所有的表达都配有中英双语解释，以及场景例句支撑。并且，本书还配有文字和视频的双向讲解，读者不仅可以通过文字来更好地记忆，还可以根据视频讲解来更好地进行模仿练习。无论是文字，还是视频讲解都会让读者更加深刻地理解表达的含义，在将来更贴切、熟练地使用出来。诚如前言所述，本书是一本既提供知识内容，又直观地提供记忆方法的实用外语书籍。

下载博瑞森图书 APP，选择观看本书十六部分、全部共 800 句讲解视频。

前言 PREFACE

根据我的经验，很少有人会在买了一本书后，完整地看完前言的部分。大部分都是急于翻阅书的内容进行盲目地学习。但我的习惯是，入手一本自己有需求的书后，我会把前言完整地读完，无论其或长或短。因为作者之所以会写一本书，肯定是对某一个领域有自己的独到理解，从而著书体现其独到的价值。可问题在于，作者独到的理解是否可以同样被理解？我们是否能够读懂，看透一本书的基础就是能够做到“理解”两个字（understand），只要是做到了 understanding，你自然会吸收价值，这对于读者来说，算得上最高要求了。但是作者写一本书的前提，就是首先他本身要懂自己写的东西，然后用清晰的文字表达出来，目的就是为了让读者能够懂（to be understood），这算得上作者的最低要求了。所以，我们会发现，读者的最高要求仅仅是作者著书的最低要求。所以，了解作者为什么要写一本书，会帮助我们更深入地了解价值背后的本质，以及更好的学习方法。

想象一下我们已经学了很多年的英语了，甚至有的同学已经学十几年的英语了，但是你们学到的所谓的英语真的像第一语言那样地道吗？学了这么久的英语，你们又真的可以随时随地，进行着随意的口语表达输出吗？我想对于大部分的中国的英语学习者来说，恐怕是很难的，鉴于我们的发音问题，词汇量的多少，语言环境，以及成人语言学习的自我保护意识相对严重，我们中国英语学习者的口语表达一直被称为我们非常熟悉的四个字——“哑巴英语”。究其原因，除了以上列举的几点之外，还有一点就是因为我们在进行英语学习的时候，一直学习的只是书本上所谓的英语知识，而并没有做到地道两个字。大家想象一下在用我们的英语进行交流的时候，你在见到朋友打招呼的时候最有可能说的是什么呢？我想对于大部分人来说，一定是从英语书本上学到的大家非常耳熟能详的那句：“how are you?”然后对方会回答你：“fine, thank you and you?”这时你又会回答：“I'm fine too.”

但是这样的表达算得上地道吗？大家再想象一下我们在用我们的第一语言汉语进行交流的时候，你见到朋友打招呼经常会说什么呢？比较地道的打招呼，我们不会那样官方地说：你好吗？而是会很随意说一句：嘛去？吃了吗？所以说，同样的道理，在英语国家，也存在着这样或那样的地道的表达方式。回归到刚刚说过的那句见面打招呼的表达，美国人其实很少会说 how are you，而是会说：How（are）you doing？Or，what's up？Or，what have you been up to？How is it going？等等。

再比如说：当你想用英文问别人是做什么工作的时候，你会怎样表达呢？我想一定会有很多人会很中式地说：“what is your job?”记住，美国人是不会这样来问的，而是会说：“What do you do? /What do you do for a living?”

同理，如果别人在你旁边啰嗦个没完，你感到厌烦了，说：“You are so boring!”（你真烦!）“Shut up!”（闭嘴!）自然没错，可人家受得了吗？不如来一句：“Oh, come on! Gimme a break!”（帮帮忙，让我歇歇吧!）这地道幽默吧？

要想说人“气色好”。“You look fine!”当然不错！可如果你说“you're in the pink!”就妙得多了，实际上，在英语口语中，表示颜色的词用起来非常形象生动。

“他精力充沛”，美国人说“He is bouncy”而不说“He is energetic”，牢记一些日常对话中的活句式是你必备的一把钥匙。

代我向他人问好当然能用“Please remember to say hello to sb for me”或“Please give my best wishes to sb”，不过，若是很好的朋友，何不说：“Please give my love to Jim.”

在中国可不能随便说“我想你”，然而，当和西方人分手时说“I will miss you”要比说“Good—bye”或“See you soon”有趣得多，不妨一试。

有人开会迟到了，你若对他说“You are late”，听起来像是废话，若说“Did you get lost?”，则更能让他歉然，可别说成“Get lost!”，那可是让人滚蛋的意思。

别人问你不愿公开的问题，切勿用："It's my secret, don't ask such a personal question." 一来显得你没有个性，二来也让对方尴尬。你可以说："I'd rather not answer that."（还是别说了吧!）

有时候，你想说什么，可就是想不起来，你可以说"Well…""Let me see""Just a moment"或"It's on the tip of my tongue"等，相比之下，最后一个句型是最地道的。

所以只有你学会了类似的地道表达的时候，才会让自己的英语更漂亮，在进行口语表达输出的时候才会更加地道。

本书基本囊括了在美国最常用最地道的800习惯用语表达，包含着中英双语翻译，以及清晰明了的注解帮助增强记忆。目前，这可能是市场上唯一一本既提供知识内容，又提供记忆方法的实用外语类书籍。无论你是学生，或是老师，抑或是想要提高英语水平的工作人员，都可受益于本书。如读完感觉未曾受益，请再买一本。

– Alex

我想补充Alex老师没有说的几个点。首先这本书中包含了绝大部分学英语的中国人永远也接触不到的一些欧美文化，如果你想要流利地跟老外沟通这些知识是必不可少的。但是人其实每一天都在吸收新的知识和文化，光是这本书里的内容是远远不够的，所以我想提醒大家多看英语的电影、新闻、网站等内容，否则日后的学习必会遇到不通欧美文化造成的上限。

其次，任意两个语言之间，单词有很多（但不是全部）可以说是完美对应。比如说英文里的数字Four和中文里的四有完全相同的含义。但如果是词组、句子，越长的组合，越不可能有完美对应的翻译。比如前面Alex老师提到的："Gimme a break!"可以翻译成你真烦或者让我歇歇吧，但它们的含义绝对不是对等的。比如你上班工作累了，绝对不能跟老板这么说，不光是语气不尊重的问题，老板也不会明白你是什么意思。"I need a break"和"Gimme a break"是完全不同的。了解一个单词、短语、句子，甚至章节的方法都是一样的，不是通过看中文翻译，而是通过看例句，看上下文，看语境去体会去理解。这就是为什么这本书包含了视频和例句，**中文翻译只是辅导你理解而不是英语的完整含义。**

– Chen

第一部分　第1－50句

第二部分　第 51 – 100 句

第三部分　第 101 – 150 句

第四部分　第 151 – 200 句

第五部分 第 201 – 250 句

第六部分　第 251 – 300 句

第七部分　第 301 – 350 句

第八部分　第 351 – 400 句

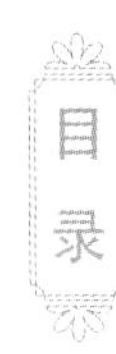

第九部分 第 401 – 450 句

第十部分　第 451 – 500 句

第十一部分　第 501 – 550 句

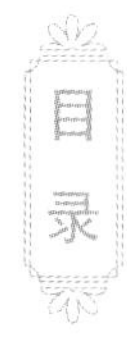

第十二部分　第 551－600 句

第十三部分　第 601－650 句

第十四部分　第 651－700 句

第十五部分　第 701－750 句

第十六部分　第 751 – 800 句

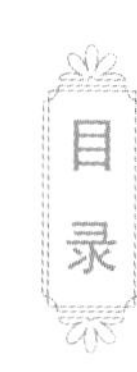
目
录

第一部分　第1－50句

请对照相应视频学习

1. above board—means to be legitimate，legal. 光明正大地；诚实地

注解：above. prep. 在……上面；board n. 木板，板子；above board 从字面意思理解，在木板上面。中国有一句俗语就是“凡事都可以放在桌面上来讲”，引申出的意思就是光明正大地，诚实地。

例句：She knows it shouldn't be kept a secret. She wants to keep everything above board.

她知道那不应该是一个秘密，她想光明正大地对待一切。

2. across the board—including everyone or everything. 全面的；包括一切的

注解：across prep. 穿过，横穿；cross n. 交叉，十字；board n. 木板，板子。across the board 从字面理解是，贯穿整个板面，就是涵盖了板面上的所有，意译一下就是全面的，包括一切的。也可以这样来记，大家在学几何的时候都学过两条相交的直线就可以构成一个平面，在一个板面上划两条相交的直线，当然就可以涵盖、包括面上的所有了。

例句：The company had a successful year. All salaries were increased by 10% across the board.

公司度过了成功的一年，所有人的工资都整体提高了10%。

3. air one's dirty laundry in public—discuss personal problems openly. 公开讨论某人的私人问题

注解：air n. 空气，大气；天空。在这个表达中显然是名词动用，可理解为“把…放在空中”。dirty laundry 脏衣服；in public 公开地，在公共场合。从字面理解，把某人的脏衣服公然示众。每个人都有点小秘密，就连衣服脏了，也不愿别人说出来，所以，如果你把别人的脏衣服拿出来给别人看，就相当于公开讨论某人的私人问题了。

例句：He is a very private person. If he has a problem in his family, he doesn't want to air his dirty laundry in public.

他是一个特别隐私的人，所以如果他的家庭出现问题，他不想公开讨论那些问题。

4. all along—all the time. 自始至终，一直

注解：all adj. 所有的；along prep. 沿着，顺着。字面理解，所有的事情都顺承下去，就是自始至终，一直的意思咯。

例句：She was accepted into the university, but she knew all along that she'd get in.

她被那所大学录取了，但其实她一直都知道她终会进入的。

5. all ears—eager to listen. 洗耳恭听

注解：all adj. 全部的，所有的；ear n. 耳朵。字面理解，所有的耳朵都竖起来的话，那就是洗耳恭听的意思。

例句：I was excited to hear about her vacation. When she told me about it, I was all ears.

听到她跟我讲她的假期之旅我非常兴奋，当她跟我讲的时候，我全神贯注地听着。

6. all thumbs—clumsy, unable to fix things. 笨手笨脚，笨拙

注解：all adj. 全部的，所有的；thumb n. 大拇指。如果你的五根手指都

是大拇指的话，是不是会做起事情来很笨拙呢？

例句：Don't ask me to put that clock back together. I'm all thumbs.

别叫我把钟表组装回去，我手脚不是很灵活的。

7. an arm and a leg—a large amount of money. 一大笔钱；超级贵

注解：字面理解是“一只胳膊和一条腿”。如果买一件东西要花费你一只胳膊和一条腿的话，这个代价是不是超级贵呢？

例句：It cost an arm and a leg to fix the stove.

修这个火炉老贵啦！

8. ants in one's pants = get butterflies in one's stomach—nervous，anxious. 紧张不安

注解：ant n. 蚂蚁；pants n. 裤子，字面理解，裤子里面的蚂蚁。如果某人的裤子里面有很多蚂蚁，那一定会坐立不安，显得很紧张的样子。

例句：He wasn't sure if he would be chosen to win the award. He had ants in his pants.

他不是很确定自己是否会得奖，所以很紧张。

9. apple doesn't fall far from the tree—being similar to a parent or family member. 有其父必有其子

注解：fall vi. 落下；far from adv. 远离，完全不。字面意思：“苹果不会落在离苹果树远的地方”。因为是苹果，所以当然会掉落在苹果树下。这个表达中“苹果树”指的父母亲或是家庭成员，“苹果”指代孩子。父母是什么样子，孩子也就差不多是那个样子，不会差得太远。

例句：He acts just like his father. You know，the apple doesn't fall far from the tree.

他的表现跟他的父亲一模一样，真是有其父必有其子。

10. apple of one's eye—someone special, usually a son or daughter. 掌上明珠

注解：这个表达中的apple指的是瞳孔，是眼睛里最敏感最珍贵的部分。虽然苹果作为身体健康和好运的象征由来已久，但有关apple of one's eye短语的起源却反映出人类过去在解剖学上的无知。在摸清眼球结构之前，人类一直以为眼瞳不是个洞，而是个实心的球体。苹果也许是我们在日常生活中经常能见到的球体，于是，这个“微小的球体”就被称为“眼睛中的苹果”。视觉是我们最重要的感觉，因此不难理解当人们说到“视觉的核心”，即“眼睛中的苹果（apple of the eye）”时，我们就会联想到，那是对我们来说最为宝贵的东西。

例句：Although he loves his son, his daughter is the apple of his eye.
虽然他很爱他的儿子，但是女儿对他来说才是掌上明珠。

11. at fault—responsible for making errors. 有责任，对……负责任

注解：fault n. 错误，缺点。犯了错误当然要负责咯。短语搭配：be at fault for 对……负责任

例句：He is at fault for all the errors on the computer.
他要对电脑上出现的所有错误负责任。

12. at odds—in disagreement. 争执（不一致）

注解：odd adj. 奇数的；古怪的；odds n. 概率，胜算，可能性，差别。在……方面有差别就是不一致嘛。短语搭配：be at odds with 与……不一致。

例句：He is at odds with his boss.
他跟他的老板意见不一致。

13. at one's beck and call—always ready to do what is ordered. 随时待命，有求必应

注解：beck n. 招手；call n. 呼叫。如果某人向你一招手，一召唤你就屁颠屁颠地过来帮忙，那就是对某人唯命是从，随时待命，有求必应了。

例句：Whenever she calls him，he's always helping her. He is at her beck and call.

无论她什么时候给他打电话，他都会帮她。他对她有求必应。

14. at one's wit's end—anxious，frantic. **智穷才尽，江郎才尽，不知所措**

注解：wit n. 智慧，才智，智力；end n. 结束，目标，尽头，末端。某人的智力结束了用中国的一句老话就是江郎才尽了。

例句：I need to speak with him to finish the report by tomorrow but he's not—available. I'm at my wit's end！

我想跟他说一下明天要完成报告的事情，但是他没有空，我不知道怎么办才好了。

15. at the end of one's rope—desperate，with nowhere to turn. **没有其他办法**

注解：end n. 结束，目标，尽头，末端；rope n. 绳子。你一定看过人们把狗或者牲口系在绳子的一端，另一头系在柱子上，这条狗或牲口就束手无策，没法东游西逛了。At the end of one's rope 常用来说处于某无计可施这种境地的人。

例句：I've tried every which way/to figure out this problem but I can't. I'm at the end of my rope！

我已经尝试了各种方法去解决这个问题但还是无济于事，我没有其他办法了。

16. back on one's feet—financially or physically be healthy again. **经受打击后重新站起来，重振旗鼓**

注解：back adv. 回到原处，向后，恢复原状。这个表达原本表示受伤的患者在恢复之后能够下床行走，后被引申为经受打击后重新站起来，重振旗鼓。

例句：Since sales improved，he is doing better and he's getting back on his feet.

自从销售额增加了之后，他做的越来越好，重新振作了起来。

17. back out of—withdraw, end an obligation or promise. 收回诺言，食言，背信

注解：这个表达中 back 作为动词表示“后退，撤回”的含义。out 具有“从……出来”和“……用尽，用完，用光”的意思。从字面理解，从……撤（退）出来。美语中用这个表达来表示收回诺言，食言，背信。

例句：I made a deal with my friend to help him at work. When I became too busy, I had to back out of it.

我答应我的朋友要在他的工作上面帮助他，但是当我变得很忙的时候，我就不得不食言了。

18. back to the drawing board—rethink an idea, need to start over. 重新开始；失败后另起炉灶；重来一次

注解：drawing board，指的是绘图板。这个说法起源于第二次世界大战时《纽约客》杂志上的一幅漫画。在漫画中，很多军人奔向一架坠毁的飞机，而设计这架飞机的工程师把图纸夹在胳膊底下，默默地走开了。漫画的标题是：“唉，只好重新拿起绘图板了”。意思是，设计师看到他的飞机在战场上坠毁，只好从头再来，再设计一架。于是后人用 back to the drawing board，表示在做事的过程中遭遇失败，于是“从头再来”，“重起炉灶”。

例句：When my supervisor told me that our idea would not work, we had to go back to the drawing board to come up with something else.

当我的主管告诉我，我们的思路行不通的时候，我们必须要重新开始想其他办法了。

19. backbone—courage. 勇气

注解：backbone 原意为“脊骨，脊柱”，由于脊柱是人体的支柱，对人体功能起到至关重要的作用，所以被人们逐渐引申为“骨气、勇气”。

例句：He has no backbone because he was afraid to reprimand her.

由于害怕，他没有勇气去指责她。

20. backseat driver—passenger who tells you how to drive. 指手划脚的人

注解：字面理解“后座上的司机”。乘客的座位上怎么会有司机呢？原来是坐在汽车后座的人常常喜欢指挥驾驶开车，所以 backseat driver，“后座驾驶员”，这个词就被用来形容喜欢指挥别人的人了。

例句：I'll never drive Joe to the airport again. He kept on wanting me to take another road which I knew was wrong. He is such a backseat driver.

我再也不开车送 Joe 去机场了，他总是让我选择另外一条错误的路线，这个爱指手画脚的人！

21. bail someone out—help. 帮助某人摆脱困境

注解：bail vt. 保释，out 具有“从……出来”和“……用尽，用完，用光”的意思。字面理解“把某人保释出来”。如果你犯了错进了警局，某人把你保释出来，那不就是帮助某人摆脱困境，帮了你大忙了吗？

例句：Thanks for picking me up when my car broke down. You really bailed me out of a bad situation.

谢谢你在我车抛锚的时候来接我，在这种糟糕的情况下你真的帮我大忙了。

22. ballpark figure—approximate amount. 粗略估计数

注解：ballpark n.（美）棒球场；adj. 大约的，figure n. 数字，（人的）体形；字面理解“大约的数字”就是“粗略估计数”。这个表达来自 ballpark“棒球场”的含义，当问到棒球场的观众数时，多为概数，所以 ballpark figure 就是大概的数值！

例句：When I asked the contractor（承包商）how much it would be to remodel（改造）the kitchen，he gave me a ballpark figure.

当我问承包商改造厨房需要多少钱的时候，他给了我一个粗略的估计数。

23. bang for the buck—value for the money spent. 物有所值

注解：bang 这个词一般解释为猛击，但是也有突然跃起，或快感的意思。Buck 就是美元。To get bang for the buck 就是尽量设法获得利润或价值。

例句：Newspaper advertising works well for us because we get the best bang for the buck.

报纸广告的效果不错，因为它物超所值。

24. bank on it—be sure of, count on. 寄希望于，依赖于

注解：大家都知道，bank 是银行的意思，把钱存进银行里就可以放心了，所以 bank on 就是依赖、指望和相信的意思。

例句：I'll be there to help you. You can bank on it.

我会帮助你的，你可以相信我。（我说话算话）

25. banker's hours—short work hours. 短暂的工作时间

注解：banker 是银行家。三十多年前银行开门营业的时间特别短，从早上十点到下午两、三点就结束了。这样看来银行家的上班时间每天只四、五个小时，可真让不少人眼红，于是人们就开始流行用 banker's hours 这个说法来指特别安逸舒适的工作了。

例句：He loves his job because on Friday, he gets to work banker's hours.

他喜欢他的工作，因为在周五的时候，他工作的时间非常短。

26. bark up the wrong tree—make a wrong choice or a false assumption. 弄错（或攻错）了目标；用错精力，精力花在不该花的地方；认错了人，找错了地方；错怪了人

注解：bark vt. 狗叫。该习语源于 17 世纪美国殖民地时期。当时的美洲人烟稀少，开发西部的拓荒者靠打猎为生。狩猎需要猎狗，不过，再聪明的猎狗有时也会被猎物耍弄。比如，浣熊常常昼眠夜出，到了夜里，它悄悄爬到别的树上，让猎狗误认为它还躲在空了的树洞里睡觉。结果，猎狗对着错误的目标狂吠不已。现在这个习语被公众所接受，如果一个人看错了目标，找错了对象，以错误的判断采取行动，都可用 bark up the wrong tree。汉译时可译成"找错了人""找错对象""错怪了人""找错了地方""弄错了目标""走错庙门""打错了算盘""大错特错"，等等。

例句：If he thinks that I'm going to help him paint his house, well he's barking up the wrong tree.
如果他认为我将会帮他粉刷他的房子，那他可找错人了！

27. bat a thousand—have a perfect record. 很有成就，大获全胜

注解：n. 蝙蝠；球棒；球拍；vt. 1：用球棒击球；击球率达…2：眨眼这个表达中的 bat 显然是动词 1 的意思。这个表达来自棒球运动，棒球的击球统计是三个小数位，bat a thousand 就是 1.，说明某人总是能打到球，击球率是 100%，这当然是个夸张的说法，如果某人击球率是 1 的话，那他一定很有成就感啦，他的球队也一定会大获全胜啦。

例句：He is so happy that everyone he invited to the party is coming. He's batting a thousand.
他非常高兴所有他邀请的人都来了这个晚会，他很有成就感。

28. bat an eyelash—show emotion. 喜形于色，眨眼睛

注解：也作 bat an eye. bat 作为动词有"眨眼"的意思。eyelash n. 睫毛。眨了一下眼睫毛就是眨了一下眼的意思。该表达通常用于否定句中，表示不露声色，不喜形于色。中国俗语称"连眼睛都不眨一下"。

例句：He was filled with emotion during his speech, but she didn't bat an eyelash.
他在演讲中饱含深情，但是她连眼睛都没眨一下。

29. bawl out—reprimand. 痛斥，训骂，指责

注解：bawl vi. 大叫；放声痛哭。字面理解"大声叫出来"，如果是对某人大声叫出来的话，那多半就是"痛斥，训骂，指责"啦。

例句：The team was bawled out after they lost the game.

球队在输掉比赛之后备受指责。

30. be beside one's self—be very upset. 极度伤心

注解：beside prep. 在旁边。字面理解“在某人自己的旁边”，我们在伤心难过的时候，才会陪在自己身旁，一个人待一会儿。

例句：I was so mad when I heard that she was plagiarizing my program that I was beside myself.

当听到她在背后剽窃我的课程我非常生气，也非常难过。

31. beat around the bush—avoid giving a clear answer. 说话绕圈子

注解：beat 是“拍打”，bush 是“灌木丛”，around 和 about 都是“四周”的意思。据说从前英国贵族打猎时，会先派人进树林，用树枝敲打树，好让鸟类或小动物因受惊吓而跑出。后来演变成“拐弯抹角”、“旁敲侧击”或“说话绕圈子”等意。

例句：I didn't want to hurt his feelings and tell him that he wasn't selected for the team. So when he asked me if I had any information，I basically beat around the bush.

我不想伤害他，也不想告诉他其实他没有被队里选上，所以当他问我有关消息的时候，我基本上就是兜圈子，拐弯抹角地回答。

32. beat someone to the punch—do something before someone else can. 先发制人，抢占先机，捷足先登

注解：也作 beat some to the draw. beat vt. 打；打败。punch n. 一拳。俗话说“先下手为强”，如果你想“一拳就打败某人”的话，那就要先发制人咯。

例句：She was going to buy the last red dress that the store had，but I beat her to the punch and bought it first.

她要买店里的最后一件红裙子，但是我捷足先登先买了。

33. beat the rap—escape punishment. **摆脱困境；免受指责；逃脱刑事责任（或刑罚、责罚）**

注解：beat vt. 打；打败。rap n. 饶舌，说唱乐；指控；刑罚。这个表达可以这样来记，饶舌的说唱歌手的嘴上功夫一定很了不起，当你犯错上了法庭一定需要辩护，如果你的辩护可以打败说唱歌手的话，那你一定可以赢下官司，逃脱刑罚了。另外一种方式是根据词义来记，beat the rap 字面理解“打败了指控”，打败了指控，当然就可以逃脱刑罚责任啦。

例句：There was not enough evidence to convict him, so he beat the rap and was set free.

由于没有足够的证据指控他，所以他逃脱了刑责被释放了。

34. behind the 8 – ball—in trouble. **处于困境，有麻烦，凶多吉少**

注解：behind prep. 在…后面，落后于；behind the 8 – ball 字面理解“在八号球之后”。这一习语源自叫做凯利的台球（Kelly pool），彩色台球上有 1 到 15 的编号游戏。规则是必须按照编号顺序把球击入球袋，但是黑色八号球（eight ball）是例外，它必须最后一个被击入球袋，而且在之前母球不能碰撞它，否则要罚分。如果母球不巧滚到黑色八号球的背后（behind the eight ball），或要被击打的球恰好处在黑色八号球的后面，那么母球就很难打到要被击打的球，就有可能输掉比赛。behind the eight ball 后来被人们用于口语，比喻“处于不利地位或困境”。

例句：My department is late on its deadline. We are behind the 8 – ball.

我的部门没有按时完成任务，我们有麻烦了

35. bend over backwards—try very hard. **竭尽全力**

注解：bend over 动词“弯腰，俯身”，backwards adv. 向后；字面理解“向后弯腰”。向后弯腰当然很不容易，一定要很努力才可以像舞蹈演员那样向后下腰。所以“向后弯腰”是一个比喻的说法，比喻竭尽全力，想尽一切办法去做好某件事情。

例句：He'll bend over backwards to help any of his friends.

他会竭尽全力帮助他的朋友们。

36. bide one's time—wait patiently for the right opportunity. **等待（最恰当的）时机**

注解：bide vt. 等待，bide one's time 字面理解为“等待某人的时间/时机”，实际表示某人耐心地等待属于自己的机会，等待最恰当的时机的意思。

例句：I'm just going to bide my time. I know that eventually a position will open.

我在等待时机，我知道最终会有职位出现空缺的。

37. big shot—an important person. **大亨，大人物**

注解：单词 shot 除了我们熟知的动词“射击，拍摄，投篮，击球”的意思之外，也是名词“镜头”的意思。big shot 字面理解为“大镜头”，什么样的人物才会用大镜头来拍摄呢？当然是明星大腕咯。

例句：Since he was given a promotion，he's been acting like a big shot.

自从他升职了之后，他就表现得像个大人物一样。

38. big stink—an angry and loud complaint. **大吵大闹，没完没了地抱怨**

注解：常用于固定搭配“make a big stink”。stink n. 臭味；big stink 字面理解为“大臭味”。如果你正在享用美餐，突然闻到了一股恶臭，是不是会抱怨一番呢？

例句：She made a big stink when her meal was served cold.

她大声地抱怨她点的菜是凉的。

39. birds and bees—facts about sex and birth. **有关两性的基本常识（尤指对未成年儿童讲）**

注解：不论在中国还是在思想较为开放的美国等西方国家，关于性这个话题都不适合在公开场合或小孩子面前讲的。所以人们在讨论或提及这种话题时，就想到用别的词来代替。“小鸟和蜜蜂”在英语中表示对求爱和性的习惯委婉表达方式。一般用于父母跟孩子解释什么是性。蜜蜂携带花粉使花朵受精，可以理解成雄性授精。鸟类产蛋，代表了女性排卵。

例句：The girl's mother told her daughter about the birds and（the）bees during the summer holidays.

女孩的妈妈在暑假的时候给她的女儿讲两性的基本常识。

40. bit off more than one can chew—trying to do more than one can physically and mentally handle. 贪多嚼不烂，不自量力，心有余而力不足

注解：To bite off，咬下。直译为一次咬下的食物太多没法咀嚼。

例句：I told her I would help her in her job，but it seems that's all I've been doing lately. I think I bit off more than I could chew.

我告诉她我会在工作上帮助她，但是现在看来这几天我一直都在忙她的工作，我觉得我有点不自量力了。

41. bite one's tongue—keep oneself from speaking. 保持沉默，忍住不说

注解：直译为咬住自己的舌头，以避免开口说话。

例句：I had to bite my tongue in order not to tell him that he won the raffle.

我要保持缄默以至于不告诉他他中了彩票。

42. bite the dust—die，disappear. 死亡，淘汰，消失

注解：形容人死了向前倒下嘴啃泥的场景。

例句：Our old TV didn't work yesterday. I guess it finally bit the dust.

我们的旧电视昨天坏了，我想它终究还是要被淘汰了。

43. blab—talk too much. 胡扯，八卦

例句：She is always blabbing about her supervisor's personal life to her friends.

她总是跟她的朋友们八卦她主管的私生活。

44. blabbermouth—person who talks too much and tells secrets. 长舌者，多嘴驴

例句：He is such a blabbermouth that there is no way Bob will be surprised for his party.

他是出名的长舌妇，所以 Bob 是没有办法被聚会惊讶到了.

45. black sheep—a family member with a bad reputation. 有辱门楣的人，败家子

注解：源于 18 世纪晚期。There is a black sheep in every flock 的简写。由于隐性基因的作用繁殖绵羊的时候很难排除黑色的山羊，所以总是会碰到一些黑色绵羊出生。又因为黑色的羊毛不能染色，所以售价更低，属于羊毛户的损失。

例句：John's way of life is so different from all of ours. He is known as the black sheep of the family.

John 的生活方式跟我们大家都不同，众所周知他是个败家子。

46. blind date—a date arranged for two people who don't know each other.（由别人安排与一个从未谋面者的）男女初次会面，相亲

例句：Many married couples have met on a blind date.

很多已婚夫妇都是从相亲相识的。

47. blow it—lose a chance，make a mistake. 搞砸了

注解：可以理解为堆牌塔或者多米诺的时候不小心呼气吹倒了。

例句：I knew I blew it when I forgot my lines in the play.

当我忘记台词的时候我就知道我搞砸了。

48. blow over—end，pass. 平息；被淡忘；消散；停止

注解：to blow over 作为词组一般用来形容自然风，或者人造的吹风机气流甚至喷气机尾焰吹过某位置。这里的比喻用法类似于中文中用风浪比喻事件兴

起平息，就是说等风吹过了就没风了。

例句：She knew her coworkers will eventually forget how she messed up the filing system in the office. She couldn't wait for the incident to blow over.
她知道最终她的同事会忘记她搞砸了办公室的归档系统的事，她已经等不及让这一事件平息了。

49. blow the whistle—expose，betray. 告发，揭发

注解：blow v. 吹，whistle n. 口哨，字面意思为吹哨，由于哨声响亮清脆，在以前都是作为通知和报警的用途。想象一下，如果你恰好看到有人在偷窃，贼当然希望在安静的环境下偷东西，在这个时候如果你吹了哨子报警，就相当于揭发了他的行为。

例句：I just found out that he's been stealing from our company for the past year. I don't want it to continue and I've decided to blow the whistle.
我突然发现在过去的一年他一直从公司偷东西，我不能再让事态发展下去所以我决定揭发他。

50. boil down—make shorter，condense. 使变简洁，浓缩，蒸煮

注解：boil v. 煮沸，使……蒸发，down adv. 向下，下去；adj. 向下的。一直蒸煮下去自然就会浓缩出精华咯。

例句：This whole complicated situation just boils down to something simple…it's either a yes or a no.
整个复杂的情形变为了非常简单的是与否的问题。

第二部分　第 51 - 100 句

请对照相应视频学习

51. bomb—fail，be unsuccessful. 非常失败，非常成功

注解：同时具有相反含义的词之一，一般在美国用于表示一个商业作品失败用“something bombed”。但是如果说“something is the bomb”在英式说法里则表示某作品非常成功。前者可以理解为某作品出人意料的差，震惊了大家。后者可以理解为某作品好到像炸弹一样吸引大家的注意力。

例句 1：The whole cast was very sad that the show bombed on Broadway.
全体演员都非常伤心失望因为在百老汇的演出失败了。

例句 2：The Beatles used to be the bomb.
甲壳虫乐队曾经是最出名的。

52. (have a) bone to pick with someone—complaint，argument. 跟某人有账要算，跟某人说道说道

注解：这里的 bone 骨头指的就是狗喜欢啃的骨头，指像狗啃骨头一样仔细得讨论算计。

例句：I heard that you have rejected my proposal. I'm upset and have a bone to pick with you.
我听说你拒绝了我的提议，我有些难过想跟你说道说道。

53. boob tube—television set. 电视机

注解：boob 在英语口语里常指“女人的乳房”，但是 boob 还有另外的一个意思是“蠢材，蠢货”。tube n. 管；电子管；隧道；电视机. 在美国，大多数人都觉得看电视是比较蠢的一件事，所以，这个表达其实是自嘲的一种说法，指代电视机。

例句：What is on the boob tube tonight?

今晚有什么电视节目？

54. bookworm—person who reads a lot. 书虫

注解：book n. 书，worm n. 虫，bookworm 可直译成“书虫”，本来是指专门蛀书的虫子，后来指那些两耳不闻窗外事，一心只读圣贤书的人。

例句：The library is the perfect place for her to work because she is such a bookworm.

对她来说，图书馆就是工作的最佳地点，因为她是个书虫。

55. booze—liquor 酒水

注解：酒的种类很多，啤酒（beer），红酒（wine）等。booze 就是各种酒的统称。

例句：They kept bottles of booze behind the bar.

在酒吧的后面他们储存了各种酒。

56. botch up—make a mistake，ruin. 搞坏；犯错

注解：botch 本身就有“把……搞糟，把……弄坏”的意思。在英语里“up”的用途极为广泛；它是副词虚助词，也是介词，词义不止一个。在口语中，up 常与动词连用，形成“动词 + up”的结构，表示“做好，做完，完成”的状态。类似的用法有：button up，clear up，dry up，mix up，tie up，wrap up，pack up，tidy up，use up 等。现在一般用于形容手术搞砸导致毁容。

例句：Her nose job went bad and her face is now botched up.

她的鼻子整形出了问题，现在整个脸都被搞坏了。

57. bottom line—end result，ultimate cause. 盈亏数目，关键是，结果是，重要的是，底线

注解：bottom n. 底部；末端；臀部；尽头 adj. 底部的。line n. 线。“bottom line”原义指财务账目表上最下面的一行或那一行上写的表示盈亏的数目。对公司来说，盈亏是大事，所以“bottom line”的第二个定义是“关键是，重要的是”，这里强调两点：一是重要，关键；二是无法回避，必须考虑或接受。所以当不涉及“财务，利润”的意思时，翻译成“关键问题，必须面对的现实，结果”更为恰当。对于个人来说，每个人都有各自的底线，所以“bottom line”的第三个定义是“最起码的条件”“可接受的最低价格”等。

例句：He never practiced the piano，so the bottom line is，he can't play very well.

他从不练习钢琴，所以结果就是，他无法弹得很好。

58. bounce—not acceptable because of insufficient funds in the bank. 拒付（支票）

注解：bounce 作为动词具有“弹跳；弹起，反跳；弹回”。对于支票而言，支票当然不会弹起弹回，而是被拒付而退回。

例句：If your check bounces，I will need to charge you extra money.

如果你的支票被拒付退回了，我将会收取你额外的费用。

59. brain—intelligent person. 聪明人，智者，智囊

注解：brain 本意是“头脑，智力；脑袋”的意思。中国人经常会用“有脑袋”“没长脑袋”来形容一个人聪明或是愚钝，所以在口语中 brain 还用来指代那些有脑袋的聪明人。

例句：She is such a brain，she will figure out how to solve the problem.

她是如此聪明的人，她会找出解决问题的方法。

60. brainstorm—to look for and write down any ideas that comes to mind. 头脑风暴

注解：brain n. 头脑，智力；脑袋。storm n. 暴风雨。这个表达最早是精神病理学上的用语，指精神病患者的精神错乱状态而言的，现在转而为无限制的自由联想和讨论，其目的在于产生新观念或激发创新设想。

例句：Let us brainstorm for new ways of increasing sales of our existing products.

让我们来个头脑风暴设法增加已有产品线的销量。

61. bread and butter—basic needs of life（food，shelter，clothing）. 基本生活资料；生计；主要经济来源

注解1：bread是面包的意思，butter是黄油的意思，面包和黄油都是西方人经常吃的东西；bread and butter连在一起在英语里就是生计、主要收入来源的意思。

例句1：The voters are worried about bread and butter issues like jobs and taxes.

投票者们都在担心像诸如工作、税收的生计问题。

注解2：如果说someone's bread and butter就成了某人的拿手好戏，可以理解为是因为他就靠这个吃饭。类似于up someone's alley.

例句2：You should let him do the programming，it is his bread and butter.

你应该让他来做编程，那是他的拿手好戏。

62. break one's neck—try very hard. 竭尽全力，埋头苦干

注解：break在这儿意思是“折断”。Break one's neck是夸张的说法，出处可能是成年累月地埋头苦干，几乎累断了脖子。这句话相当于中文说的：累断了腰干。总之都是指竭尽全力地苦干。

例句：She broke her neck last night trying to finalize the proposal.
她昨晚竭尽全力地试图敲定提案。

63. break the ice—overcome formality or shyness with others. 打破僵局，破冰

注解：break v. 打破，ice n. 冰，字面理解是打破冰块，就是我们常说的在与陌生人交流的时候破冰，打破僵局，打破尴尬局面的意思。

例句：He started the meeting by telling a joke. He was hoping the joke would break the ice.
他以讲笑话的方式开始了会议，他希望那个笑话可以打破僵局。

64. break the news—tell a surprising fact. （向某人）说出实情，把（坏）消息向（某人）公布

注解：break v. 打破，news n. 消息，新闻。但这个表达却不能按照字面理解为"打破消息，打破新闻"，而是把消息（通常是坏消息）打破出来告知某人的意思。理解方式类似这个，令人惊讶意想不到的新闻就叫 breaking news。

例句：She broke the news and told him that she was going to move to another city.
她向他告知了她将要搬到另一座城市的消息。

65. break up—separate. 分开，分手

注解：break v. 打破，破碎，up 无特定意义，表示一种状态。感情破碎了，自然就分开了。

例句：They needed to break up their engagement because she fell in love with someone else.
他们需要取消订婚，因为她爱上了另外一个人。

66. break even—have expenses equal to profits. 不赚不赔；打成平手

注解：break even 来自 Break Even Point，简称 BEP（盈亏平衡点），又称

保本点。收支达到平衡了，不就是既没亏，又没赚吗？

例句：The company did not make a profit this year. We just broke even.

公司今年没有盈利，我们不赔不赚。

67. breathe a word—tell. 透露风声，告诉

注解：breathe v. 呼吸，word n. 单词，话语；字面理解是“呼出一个字”，用 breathe 代替 say，语气更加强烈。这个表达常用于否定，表示连呼气、透口气都不可以含有某件事的一个字的信息。

例句：Please don't breathe a word of this to anyone.

不要透露这件事的任何信息给任何人。

68. breeze—easy stuff. 轻而易举的事

注解：breeze 除了“微风”这个大家熟知的意思之外，还有“轻而易举的事”的意思。

例句：Last night's homework was a breeze.

昨晚的作业很简单。

69. bring home the bacon—earn the family's income. 养家糊口，维持生计

注解：bacon n. 咸肉；腌肉；熏猪肉；培根。这个表达来源于从前英国农村集市上举行的一种很有趣的体育比赛，即给小猪全身涂上油脂，弄得浑身滑滑的，然后放开它，让参加比赛者去追捕。谁能捉住这只猪，谁就赢了。按照惯例，他就可以把这只小猪带回家去享用。后来用 bacon 代替“战利品”，任何竞赛夺标回来，或在外“挣饭”“谋生”“养活家小”，都形容为“把咸肉带回家”。

例句：He stays home and raises the children and she brings home the bacon.

男的待在家里带孩子，女的挣钱养家糊口。

70. broke—having no money. 身无分文，破产

注解：broke 既可以是动词也可以是形容词，作为动词是 break 的过去式，

表示“打破”，已经被打破了，就是破产了，身无分文。但是经常用来夸张得表示自己手头紧，而不是真正法律上的破产。

例句：I can't go to the restaurant tonight because I'm broke.

我今晚去不了那个饭店，因为我没钱。

71. brown bag—bring one's lunch from home. 自带午餐

注解：在外国公司的员工餐厅里，饭菜一般都是很难吃的，所以很多员工外带午餐。brown bag 指棕色的袋子，员工如果自己带午饭，通常会装在棕色的纸袋（有点像牛皮纸）里，所以 brown bag 就成了午饭的代名词。这个表达经常用作动词。

例句：For the meeting on Friday, we've all decided to brown bag it.

对于周五的会议，我们都决定自带午餐。

72. buck—dollar. 美元

注解：我们都知道 dollar 是“美元”的意思，但是你知道美国人其实喜欢用 buck 来代表钱吗？

例句：I'm low this week on cash. Can I borrow a few bucks to get me through the week?

我这周现金不足，能借我点钱度过这周吗？

73. buckle down—study or work very hard. 全力以赴

注解：buckle n. 在压力下弯曲变形扭曲（不常用），这里应该理解为埋头苦干中埋头那个向前躬的动作。

例句：Last semester his grades were very low, so this year he decided to buckle down.

上学期他的分数很低，所以他今年决定好好努力。

74. buddy-buddy—very friendly. 非常亲密的，哥们的

注解：buddy n. 伙伴，好朋友，哥们儿。美国人多用 buddy 这个单词进行

好哥们之间的打招呼。两个“哥们儿”连到一起，那肯定是不一般的感情了。buddy—buddy也可用来表示不太正当的亲密关系。

例句：She's gotten to be very buddy-buddy with her boss.

她一定跟她老板的关系不一般。

75. bug—annoy, bother. 打扰，烦扰

注解：大家都比较熟悉bug的名词意思，是“臭虫，小虫子”的意思。对于计算机程序而言，bug也可作为名词的“故障”。其实bug也有动词词性，意思为“烦扰，打扰；装窃听器”。

例句：It bugs me every time he asks to borrow a pencil.

每次他跟我借铅笔我都很烦。

76. bulldoze—intimidate, coerce. 恐吓，威胁，胁迫

注解：bulldoze v. 强迫；恫吓；用推土机清除。

例句：I did not want to work on the fundraising committee, but I feel I was bulldozed into it.

我不想在筹款委员会工作，但是我感觉我被强迫加入了。

77. bum—worthless person. 没有能力的人，没有价值的人，无赖

注解：n. 流浪汉；屁股；能力差的人 adj. 无价值的；劣质的。

例句：As long as I have known him, he never worked and always borrowed from other people. He is such a bum!

当我认识他的时候他就从来不工作，而且总是跟他人借钱生活，他真是个无能的人！

78. burn a hole in one's pocket—money to be spent quickly. 致使花钱如流水

注解：burn vt. 燃烧；烧毁。字面理解“某人的裤兜烧了一个洞”，那样

的话，是不是有多少钱都会很快漏光啦？这个表达用来形容“花钱如流水”，“钱花得很快”。

例句：The bonus he received must have burned a hole in his pocket. He ended up buying a car the next day.
他得到的奖金使他花钱如流水，因为第二天，他买了一辆车。

79. bury the hatchet—make peace. 言归于好，讲和，和解

注解：bury vt. 埋葬；隐藏；hatchet n. 短柄小斧；hatchet 是指当时印第安人袭敌用的兵器——短柄小斧。字面理解：“埋葬短柄小斧”，将短柄小斧深深的埋葬在土里面，表示战事结束，从此和平共处了。至少在两百多年前，bury the hatchet 就已经被应用到日常生活中，泛指任何结束纠纷讲和的举动了。

例句：Although we had gotten into a big fight last month，we decided to bury the hatchet and become friends again.
尽管我们上个月大打了一架，但是我们决定言归于好，重新做朋友了。

80. butt in—interfere. 打扰，烦扰

注解：butt n. 屁股；想象一下，你正与友人相谈甚欢，突然有个人一屁股坐了过来，进入了你们聊天当中。这个人是不是打扰到了你们，有些讨厌呢？

例句：Please don't butt in to our conversation，it's personal.
不要打扰我们，这是很私人的谈话。

81. butter up—flatter for selfish reasons. 对……说好话；恭维，阿谀奉承

注解：butter vt. 涂黄油于；讨好；n. 黄油；奶油；奉承话。在中国有句老话叫作“油光嘴滑，油腔滑调”，形容一个人特别善于献媚，阿谀奉承。可是老外吃的油是“黄油”，故西方国家的“油光嘴滑，油腔滑调”就是 butter up 啦。

例句：I buttered up my boss before I asked him off for the upcoming holiday.
在我向我的老板请假之前，我向他说了很多好话。

82. by hook or by crook—by any means necessary. 不择手段；千方百计

注解：有人认为这个表达源自古代采邑制度，有权有势的采邑领主用钩刀（hook）随便砍树篱上的任何木头来圈住羊群，或者用牧羊人的曲柄杖（crook）收集矮林中的任何树枝当柴火，总之就是用任何办法来圈住羊群或是生火，后用来表示“不择手段地”。

例句：Even though we have to fly to get to your wedding, we will be there by hook or by crook.
尽管我们不得不乘飞机去参加你的婚礼，但是我们无论如何也会到达的。

83. by the skin of one's teeth—by a very small margin. 侥幸，勉强，死里逃生

注解：该表达来自《圣经·约伯记》第19章第20节，犹太人约伯在受到上帝的百般非难之后说道：“My bone cleaveth to my skin and to my flesh, and I am escaped with the skin of my teeth.（我的皮肉紧贴骨头，我只剩牙皮逃脱了。）”牙齿怎么会有皮肤呢？“the skin of the teeth”指的是牙齿表层的牙釉质。可怜的约伯用了一个形象的比喻：他的逃生空间就像是牙釉质那样薄薄的一层。从此，“by the skin of one's teeth”就被用来表示“死里逃生，侥幸”之意。

例句：Our team won by the skin of our teeth.
我们队侥幸地获胜了。

84. call it quits—stop, finish. 停止，完成，放弃

注解：quit vt. 离开；放弃；停止；使……解除；n. 离开；退出。call 除了“打电话”的意思之外还有“称为”的意思。字面理解“称它为放弃，退出”不就是“停止做某事”的意思了吗？此表达常与 on 连用。如：I have already called it quits on smoking. 我已经戒烟了。I wanna call it quits on love. 我不

想再恋爱了。

例句：I have worked all day and I'm exhausted. I've decided to call it quits.

我已经工作了一整天，已经筋疲力尽了。我决定今天不做了。

85. call off—cancel. 取消

注解：off 具有“从……离开，从……脱落”的含义，让……离开，代表的是取消了某次活动。

例句：The game was called off because of rain.

比赛由于大雨被取消了。

86. call on the carpet—reprimand. 严厉斥责，责备

注解：按照字面意思来看，call sb on the carpet 就是召唤某人到地毯上来。这个短语的起源可以追溯到一个多世纪前的英国和美国，和现代相比当时家里使用仆役是比较普遍的情况。要是主人对仆人的工作不满意，就会把仆人叫到客厅来训斥，而主人用的客厅往往铺着地毯，不像仆人的下房那样只是光秃秃的地板。这样一说，你也许已经意识到召唤某人到地毯上来意味着什么了。

例句：He was called on the carpet for losing all the financial statements.

由于丢了财务报表他被严厉训斥。

87. call someone's bluff—have someone prove what he says. 揭露某人虚张声势

注解：bluff v&n 吓唬，虚张声势。这个表达中的 call 则是扑克牌游戏中“跟注”的意思。这个表达来自美国人喜欢玩的扑克牌游戏。有时你手里的牌很坏，但是你想让别人认为你手里的牌好极了，可是别人不相信你，要继续跟注，对你进行挑战，这就是 to call one's bluff。

例句：I don't think Bob knows as much as he says. I think we should call his bluff.

我不认为鲍勃像他自己说的那样博学，我认为我们应该揭露他。

88. call the shots—be in charge, give orders. **做最后决定、下命令**

注解：我们经常会问别人：你们家里谁说了算？也就是谁做决定？美国人经常说：to call the shots。你们家里谁说了算，就是"who is the one that calls the shots in your family?"或是"who calls the shots in your family?" To call the shots 的原来意思是：军官下令部队开枪。但是现在在口语中常常出现，表示"下命令，做决定"等义。

例句：We knew who the supervisor was because she called all the shots.
我们知道主管是谁了，因为是她下达了所有命令。

89. can—fire, dismiss. **开除，裁掉**

注解：口语中 can 也可以是动词，表示"开除，裁掉"的意思。

例句：I was canned and no longer working for the company.
我被公司裁掉了，不再为公司工作了。

90. (open up a) can of worms—complex problem or complicated situation. **增加麻烦，使事情一发不可收拾**

注解：can 作为名词具有"罐，(用金属制成的) 容器"的意思。worm n. 虫子。字面理解"打开一个装满蠕虫的罐子"。如果打开一罐蠕虫，全部虫子就会到处爬行，要想控制，可不容易。引申而言，就是增加麻烦，添加困难或制造更多麻烦的意思。

例句：It opened up a large can of worms when the company decided to talk about the union contract.
当公司决定讨论工会合同的时候就惹来了很多问题，一发不可收拾。

91. carried away—adversely influenced by strong emotion. **被忽悠上钩了**

注解：carry v. 拿，带；away adv. 离去，离开；在远处。在汉语中，我们经常说"被某人的思想给带走了"，表示的就是某人的思想影响了我们的思维，使我们做出了一些违反自己意志的举动。这种情况下的"被带走"就是被忽悠得跟着别人走或者思考。

例句：He was carried away by his effective sales approach and bought the remainder of his products.

在他的有效的销售方法下，他被忽悠得直接买了他的所有剩余产品。

92. catch on—understand, figure out. 理解，明白，解决

注解：catch 作为动词有“抓住，了解”的含义。在汉语中，我们经常说“抓住了……的重点”，表示的就是领悟到了事物的精髓。catch on 固定搭配，表示“理解，明白，解决，领悟，懂得”。

例句：I am beginning to catch on to this algebra.

我开始明白这道数学题了。

93. catch someone red-handed—find one in the act of doing something wrong. 做坏事被抓了个正着

注解：red—handed adj. 正在作案的。如果一个人杀了人，手上多数会沾有鲜血。“红色的手”非常形象地表示出“正在作案的”的含义。catch someone red-handed 字面理解是“把正在作案的某人抓住了”，不就是“抓了现行，逮个正着”的意思吗？

例句：The police came and the bank robber was caught red-handed.

警察来了之后，银行抢劫犯被逮了个正着。

94. caught short—left without any money temporarily. 手头紧，没钱花

注解：caught 是 catch 的过去式，表示“被抓到”。short adj. 短的；不足的；矮的，低的 n. 短；缺乏。被抓到在金钱方面有些缺乏，不就是手头有点紧吗？

例句：I didn't have enough money to pay the bill. I was caught short.

我没有足够的钱去付账，我手头有点紧。

95. chalk up—record, score. 记录，取得

注解：chalk n. 粉笔，滑石粉，vt. 用粉笔写；记录。“用粉笔写上去”就是“记录”的意思了。

例句：Chalk up another one for the team. They won the championship.
为球队记录下另一次胜利！他们赢得了冠军。

96. change of heart—a change in the way one feels about something. 改变心意，改变看法

注解：字面理解“心的改变”，译意一下不就是“改变心意”的意思了吗？

例句：I wasn't planning to spend the holidays with my family, but after speaking with my mother, I had a change of heart.
我没有计划陪家人去度假，但是在跟我妈妈聊天之后，我改变了想法。

97. chickenfeed—a small amount of money. （指钱）微不足道的数目

注解：chicken是“小鸡”，feed作为名词是“饲料”，小鸡吃的饲料会花掉多少钱呢？当然是微不足道咯。

例句：Taking the whole family on that cruise is certainly not going to be chickenfeed.
要带全家去海上航游可绝对不是个小数目。

98. chip in—contribute. 集资，凑钱，贡献

注解：chip在扑克游戏中是“筹码”的意思。在玩牌的过程中，事先把现金兑换成筹码，下注时大家都会把筹码放进底池里。筹码即是钱，放在一起就是“集资”了。

例句：We are all going to chip in and give the teacher a gift.
我们所有人将要集资给老师买一件礼物。

99. chip off the old block—child who looks or acts just like his or her parent. 酷似双亲，外表或性格酷似父母中一个的孩子，一个模子刻出来的

注解：chip 作为动词是“削，切”；chip off 是“切下，削下”；block n. 块。chip off the old block 字面理解是“从一大块上切下来一小块”。这个表达来源于木匠行业，父母像是一大块木材，而孩子是取自同材料上的一小块木材，所以这个表达表示“一个模子刻出来的”，说的是某人与自己的父母很像，这里可以是指相貌相像，也可以指做的事情相似。

例句：He reminds me so much of his father. He's a chip off the old block.
他使我想起了他父亲的许多事，他们真的是太像了。

100. chip on one's shoulder—quarrelsome attitude，quick to anger.（脾气）点火就着

注解：十九世纪的美国，当时多数家庭都要砍木为薪，很多地方都有木碎。好勇斗狠的少年想找人打架，会在自己肩上放一块木碎，问人家敢不敢拨下来，拨下来就有架打了。所以，carry/have/wear a chip on one's shoulder 是说准备随时吵嘴、打架的样子，一般是指感到委屈、一有机会就爆发的人。

例句：I was afraid to ask her for a favor. It looked like she had a chip on her shoulder.
我害怕叫她帮忙，她总是好像点火就着似的。

第三部分　第101－150句

请对照相应视频学习

101. cinch—easy. 容易做的事，小儿科

注解：cinch 作为名词表示“something that is easy to do”，就是容易做的事。

例句：Adding and subtracting was always a cinch.

加减法总是小儿科的东西。

102. clamp down—become stricter. 变严格

注解：clamp vt. 夹紧，固定住。clamp down 字面理解是“向下夹紧，固定”，对于事件来说，就是“严格”的含义了。

例句：Because he came home from the party so late, his father said he will start to clamp down on his curfew.

由于太晚从晚会回家，他的爸爸告诉他他的宵禁令会变得更严格。

103. clean up—make a big profit. 大捞一笔

注解：clean 作为动词有“清洁，打扫”的含义，clean up 具有“清除干净”之意。这个说法源自于赌局，形容某个人把所有的赌注都清扫走了，大捞一笔。

例句：Since he started his new business, he's really cleaning up.

自从他开始了新的生意，他真的要大捞一笔了。

104. clear—go through. 通过

例句：When will this check clear my bank?

这个支票什么时候能到账？（通过银行，到我的账上）

105. clear the air—calm anger and remove misunderstanding. 消除误会

注解：clear v. 清除，air n. 空气。字面理解是“清除空气”，这里的空气指的是“雾蒙蒙的空气”，清除了雾蒙蒙的空气，一切就都清晰明了了，所有的误会也都消除了。

例句：We were tired of fighting，so we decided to start talking and clear the air.

我们都厌倦了争吵，所以我们决定好好聊聊，消除隔阂。

106. close shave/call—narrow escape. 侥幸脱险，千钧一发

注解：close 作为形容词是“亲密的，紧密的，靠近的”。shave 除了动词“修脸，刮面，刮”之外，在口语中还可以作为名词，表示“幸免，侥幸逃脱”的意思。字面理解“差点就刮破了脸，靠近的幸免”就是“千钧一发”了。

例句：It was a close shave getting out of the burning building.

逃出着火的大楼真是千钧一发啊。

107. coast is clear—no enemy is in sight. 没有危险，安全

注解：coast n. 海岸，clear 在这里是形容词“清楚的，清晰可见的”。西方沿海地区较多，两军若是在海上交战，常在海岸设伏。如果确定海岸是清楚的，那就说明前方没有敌人，也就没有危险了。

例句：Take the present out of the closet when the coast is clear.

当一切安全的时候把礼物从柜子里面拿出来。

108. come a long way—make great progress. 取得很大进展

注解：字面理解“走了很长的路才来到”，引申意思为为了完成某件事情而付出了很多努力达到了一定的目标，取得了很大的进展。

例句：He came a long way in his recovery from surgery.

他在手术之后恢复得很快。

109. come across—find or meet by chance. 偶遇，无意中发现

注解：come v. 来；across prep. 穿过；横穿。"以横穿的方式来或去"一定会不经意间遇见什么人或是什么事物吧。

例句：If you come across any pictures of my friends from high school, let me know.

如果你发现我高中朋友的任何照片的话，请告诉我。

110. come apart at the seams—be upset and lose control. 失去控制

注解：come apart 是"破碎，分裂，瓦解"的意思，seam 这里是名词"接缝，缝合处"。字面理解是"接缝处分裂"。在口语中，我们经常说"揭开某人的伤疤"，如果某人缝好的伤口再次被揭开，那他一定非常痛苦，也非常有可能会愤怒地"失去控制"。

例句：I almost came apart at the seams when I saw the taxicab hit my car.

当我看到出租车把我的车给撞了的时候，我抓狂地差点失控。

111. come clean—tell the truth. 全盘招供，坦白承认，说出实话

注解：come 动词"来"，clean 形容词"干净的，空白的"，作为副词为"彻底地，完全地"。字面理解是"完全彻底地来"，实际上是"话语完全彻底地说出来"，坦白交代，说出实话的意思。

例句：I came clean when I knew I was caught in a lie.

当我知道我的谎言被拆穿的时候，我坦白交代了所有。

112. come hell or high water—no matter what happens. 不论有什么困难，无论如何

注解：hell n. 地狱；high water 高水位。字面理解是"来到地狱或是高水位”。在中国有句俗语叫作“不管是上刀山还是下火海”，其含义表示的就是“不论发生什么事都……”

例句：Come hell or high water，I'll for sure be at that meeting.

无论如何，我都会参加那个会议。

113. come off it—stop kidding，boasting or making believe. 别吹牛了

注解：该表达常用于祈使句，表示“别吹牛了，别胡扯了”等意。

例句：Herbert said he was the only one who could do the job. I told him to come off it.

Herbert说他是唯一可以完成这个工作的人，我叫他快别胡扯了。

114. come on strong—overwhelm with excessively strong language or personality. 给人留下强烈的印象，吸引人；言语过分

注解：come on是“过来”的意思，strong形容词“强烈的”，副词为“强劲地，猛烈地”。“强烈地来”形容某人的气场十分强大，会给人留下深刻的印象。当然，如果某人气场过强的话，也会导致言语特别尖锐，让人讨厌。

例句：The car salesman came on too strong and angered my wife.

汽车销售人员言语有些过分让我的妻子很生气。

115. come through with flying colors—succeed，win，exceed. 大获成功

注解：come through本身就有“经历，获得成功”的含义。flying colors这里指的是“胜利的旗帜”。大航海时代舰船之间的远距离通讯只能依靠旗帜，如果要投降的话通常的做法是直接降下自己的旗，所以如果没有降下而归就表示打了胜仗。扬起胜利的旗帜取得成功表示的就是“大获全胜”的意思了。

例句：When he graduated with honors，it was evident that he came through with flying colors.

当他荣誉毕业的时候，很明显，他成功了。

116. comeback—to be successful again. 卷土重来

注解：comeback 作为名词，字面理解为“回来”，有“卷土重来，重新获得成功”之意。

例句：The actress made an outstanding comeback on the stage, after her bout with pneumonia.

那个女演员在与肺炎抗争之后卷土重来，在舞台上表现非常出色。

117. con—lie, swindle, trick. 哄骗

注解：con n. 反对票，骗局；vt. 哄骗。

例句：His boss conned him into working on the weekend for no pay.

他的老板哄骗他无酬劳地周末加班。

118. cook someone's goose—create big problems for someone. 打破某人的计划，毁掉某人的名誉，使某人遭受大麻烦

注解：字面理解为“煮了某人的鹅”。煮一只鹅，美餐一顿是极美的一件事情。但是如果别人把你的鹅给煮了吃了，你的计划也就被打破了。当好事被破坏，这当然是谁也不愿意见的一种局面。

例句：He knew that when he was caught in a lie his goose was cooked.

他知道当他的谎言被拆穿的时候，他的名誉毁了。

119. cough up—give money unwillingly, give up a secret. 不情愿地付钱，勉强说出

注解：cough n. &v. 咳嗽。Cough up 作为习惯用语已经差不多一个世纪了。它表示什么意思呢？看一个例子。在华盛顿市中心上班的人都普遍有这样的烦恼，附近到处都是车辆，找泊车位太难了。即使找到个地方，边上也多半竖着计时器。这意味你得定时往里投钱币，并且停了两小时后还得把车搬到其他地方去。稍有疏忽，你就会发现前车窗上赫然一张警察罚款单，金额很可能高达五十美元。逾期缴罚款还得加倍。虽然不情愿，但是还是得百般无奈地交钱。就像咳嗽一样，虽然不想咳嗽，但是却无法抑制。

例句：You said that you would help pay for their wedding. Well, it's been three months, cough it up.

你说过你会帮我付婚礼的钱。已经过去三个月了，付钱吧。

120. count on—rely on, trust. 依靠，指望

注解：count 动词“数数，计算”。

例句：I could always count on my best friend.

我可以总是依靠我最好的朋友。

121. cover for someone—protect someone. 保护某人

注解：cover 动词“遮盖，覆盖，包括”。在古惑仔的世界，“罩着某某”就是“保护某某”的意思。如果在战场上，cover sb. 翻译成“掩护”。

例句：Please cover me, if I end up not knowing what to say at the meeting.

如果我在会上不知道说什么了请救场一下。

122. crack down to—become stricter in making the group obey rules or laws. 严加管制

注解：crack vt. 使破裂。crack down 字面理解为“向下破裂”。想象一下，地表向下裂开一定会到达一定的深度。这个表达用来形容如果要管制某种不良风气的话，必须要进行深度的治理。

例句：The police are beginning to crack down on teenagers who are out too late at night.

警务人员开始严加管制那些晚归的青少年。

123. cream of the crop—the best of a group, top-choice. 尖子，最优秀的人

注解：cream 是“奶油，精华”的意思。crop 是“庄稼”。庄稼中怎么会有奶油呢？奶油是从牛奶中提取出来的，是牛奶的精华，于是奶油就有了

"精华"的含义。而 cream of the crop 开始是 best of the crop，后来演变成"一群人中最好的"，也就是精英。现在，用这个表达来形容毕业生、大学生、政治舞台上的候选人，以及士兵这样有不同届、级之分的群体中的最优秀者。

例句：This university only accepts the cream of the crop.
这个大学只接受尖子生。

124. creeps—fear, uneasiness. 害怕，厌恶，毛骨悚然等感觉

注解：creep 作为名词有"毛骨悚然的感觉"的意思。

例句：It gives me the creeps every time I pass the strange looking house.
每次我路过那个怪房子的时候都有一种毛骨悚然的感觉。

125. crocodile tears—show of sorrow that is not really felt. 假慈悲

注解：crocodile 是"鳄鱼"，tear 是"眼泪"。你会相信"鳄鱼的眼泪"吗？

例句：He cried crocodile tears when he discovered that he couldn't go to the meeting.
当他发现他不能参加那个会议的时候假惺惺地掉了眼泪。

126. crop up—happen quickly without warning. 突然发生

注解：crop 名词是"庄稼"，动词是"收获"。一粒种子种在土里，不知什么时候就长出来幼苗了。

例句：I had to stay at work late yesterday. Some new work cropped up.
我昨天必须得加班，有一些工作突然出现了。

127. cross one's mind—think of, occur quickly to someone. 突然想起，突然想到

注解：字面理解为"横穿过某人的思想"，就是突然间想起，突然间想到什么事情的意思。

例句：It did not cross my mind to thank her for my birthday card.

我没有想起来感谢她送我的生日卡片。

128. cut corners—limit one's buying. 节约，抄近路，走捷径

注解：corner就是角，比如一张台子有四个角的角，或者是马路的拐角。当然，用刀来切台子的角，切马路的拐角是不可能的。但是，有时为了节省时间，我们在马路上走的时候不一定老顺着人行道走，而往往想办法走近路，从草地上，或穿过人家的院子。作为习惯用语，to cut corners 的意思是：找更方便的办法，或更便宜的办法来做一件事。

例句：She was way over budget for the wedding，so she needed to cut corners.

她的婚礼花费大大超过了预算，所以她需要节约开销了。

129. cut down on—use less，reduce. 削减，减少

注解：cut是“切”，cut down就是“向下切”，cut down on就是“在某方面向下切”，切下去的越多，不就是越来越少了吗？

例句：My doctor wants me to cut down on sugar.

我的医生要我少吃糖。

130. cut the mustard—succeed，do well enough what needs to be done. 符合要求；实现，完成，成功；办事卓有成效

注解：mustard是“芥末”，直译当然说不通。这个表达的来历大家也是众说纷纭。有人认为这个习惯用语来源于芥末的制作程序；另外一些人则认为是从传递芥末的动作转变而来的。但其实这个表达主要表示“符合标准，符合要求”之意。

例句：He wasn't able to cut the mustard so he had to leave the army after only one year.

由于他不符合要求，所以他不得不在一年后离开军队。

131. cut out for—have talent for，be suited for. 适合，在某方面有天赋

注解：中国人常说“某某就是做某某事情的材料，就是做某某事情的坯子”，表示的就是某人非常适合做某事。

例句：She is not cut out for the swim team. She's too slow.

她不适合加入游泳队，她太慢了。

132. cut someone down to size—prove someone is not as good as he or she thinks. 使某人有自知之明

注解：字面理解“把某人切成他的号码”，其意思就是让某人意识到他自己到底有多大能耐，使某人有自知之明。

例句：John thought he was the smartest student in the class. We needed to cut him down to size.

John觉得他是班级里最聪明的学生，我们得让他有点自知之明。

133. dawn on—become clear，begin to understand. 开始懂得，开始被理解

注解：dawn作为名词是“黎明”，作为动词是“破晓，使领悟”。天亮了，太阳出来了，一切都开始变得清晰明了了。

例句：It finally dawned on me that I missed our anniversary.

我终于明白了原来我错过我们的纪念日了。

134. dead-end job—position with no future. 无前途的工作

注解：dead-end adj. 死胡同。字面理解为“死胡同的工作”，前方都没有路了，还谈什么前途？

例句：He decided to go back to college because he realized he had a dead-end job.

他决定回去读书，因为他意识到他的工作没有前途。

135. dig up—find，recall，discover. 发现

注解：dig是“挖，掘”，什么东西被“挖出”不就是被“发现”了吗？

例句：Have you dug up any information on the new employee?
有发现任何新员工的信息吗？

136. dime a dozen—common，easily obtained. 多得很，常见，一毛钱一打

注解：dime n. 一毛钱；dozen n. 一打。字面理解“一毛一打”。如果什么东西一毛就可以买一打，就说明这种东西特别常见，特别多。

例句：Those shiny stones are not worth anything. They are a dime a dozen.
那些闪亮的石头没有什么稀奇的，多得很。

137. dish out—criticize，abuse，scold. 给予批评

注解：dish作为名词是“盘子，餐具”，作为动词是“说某人的闲话”。字面理解为“说出某人的闲话”，就是“对某人不太满意”，“责备，批评，辱骂”的意思了。

例句：Sometimes he's nasty and insulting. He can really dish out.
有时候他很下流无礼，他真的会破口大骂。

138. dive—disreputable，low class bar or nightclub. 低级酒吧，低级夜总会

注解：dive作为动词是“潜水”，作为名词是“低级酒吧，低级夜总会”。

例句：I did not like where he brought me last night. It was a real dive.
我不喜欢他昨晚带我去的地方，太低级了。

139. do the trick—be successful，achieve a good result. 获得成功，达到理想结果

注解：trick n. 魔术，诡计，窍门。do the trick 字面理解为“实现魔术效果”，魔术效果实现了，诡计得逞了，引申一下就是“达到理想结果了”。

例句：The recipe needs a little help. I think salt may do the trick.

这个食谱差点什么东西，我觉得加点盐就会好了。

140. do without—live without something. 没有……也行

注解：字面理解为“没有……也可以做”就是“没有……也行”“没有……也可以生活”的意思。

例句：When the television broke，I knew that I could do without it for a week or two.

当电视坏了的时候，我知道没有电视我也可以生活一两周。

141. doctor it up—fix temporarily. 暂时修理

注解：doctor 除了名词“医生”之外，还可作动词“修理”。

例句：The hem on the dress ripped. I doctored it up with some tape.

裙子的边开线了，我用胶带暂时把它粘住了。

142. double check—reinvestigate thoroughly，look again for errors. 再次确认

注解：double adj. 双重的；check n. 检查。字面理解为“双重检查”，就是“再次确认”的意思。

例句：Just double check to make sure that you have the right recipient.

只要再检查一遍，确保收信人是对的就可以了。

143. double-cross—betray. 背叛，欺骗，出卖

注解：这个说法里的 double 和 cross 其实都是欺骗、背叛的意思但是有不同的缘由。double 现在已经不能理解为欺骗但是在 18 世纪的时候有过这个含义（double agent 其实也不是双重间谍而是骗雇主的间谍）。这个词类似中文中的“重复”或者“森林”，即两个相同意思的词叠在一起。不过 cross 在现在仍有欺骗背叛的意思，电影中常会见到“Don't cross me.”就是不要想背叛我。

例句：I cannot double-cross my best friend.

我不能欺骗我最好的朋友。

144. dough—money. 钱

注解：dough n. 钱，生面团。

例句：He makes a lot of dough.

他赚了很多钱。

145. down and out—having no money，no success. 贫困潦倒的

注解：down 是“在下面”，可以理解为“在社会底层”。out 有表示“缺少”的含义。如果一个人是一个社会的底层，同时又缺钱，那就是“穷困潦倒”了。此说法源于拳击，指一名选手被击晕（down）并且出场了（out）。

例句：Although he was successful a few years ago，today I hear he's down and out.

尽管他在前几年很成功，但是今天我听说他穷困潦倒了。

146. down in the dumps—unhappy. 垂头丧气，情绪低落，不开心

注解：dump 作为名词是“垃圾场，垃圾堆”的意思。如果你感觉身处在垃圾堆中，你开心的起来吗？

例句：She's been down in the dumps ever since she lost her job.

自从她丢了工作以后就整天垂头丧气的。

147. down the drain—wasted，lost. 浪费掉，徒劳

注解：drain 作为名词是“下水道”的意思。想象一下如果某件值钱的物品“流入了下水道里面”，那不是“白白浪费”掉了吗？

例句：I don't like to throw my money down the drain.

我不想让我的钱白白浪费掉。

148. down to earth—having good sense，practical. 回到现实，实际的

注解：earth 除了我们比较熟知的“地球”的含义之外，还有“地表，陆地；土地，土壤”的意思。字面理解为“落在地表，落在地面”，表示的就是现在比较流行的“把……落地”，也就是“回到现实”的意思。

例句：My fiancée is friendly and sensible. She’s very down to earth.

我的未婚妻很友好也很明智，而且非常实际。

149. draw the line—set the limit. 设定界限，划定界线

注解：draw 是动词“画”，line 是名词“线”。小学的时候，你是否也有过和同桌在桌子上画一条竖线不让对方过界的经历？谁要是过了界，就犯规了。

例句：He sets an early curfew for his children. He draws the line at 10：00PM.

他给他的孩子们设定的宵禁令很早，不能超过晚上 10 点。

150. dress up—wear one’s best clothing. 穿衣打扮，穿上盛装

注解：dress n. 女装，裙子；v. 穿衣，打扮。

例句：We need to dress up for this wedding.

我们需要盛装出席婚礼。

第四部分　第 151 – 200 句

请对照相应视频学习

151. dressed to kill—wear one's finest clothing. 穿得光鲜亮丽，（因穿着）给某人留下深刻印象，光彩照人

注解：字面理解为“打扮地足以杀死人”，那一定是穿着特别耀眼，会让人印象深刻，如同“酷毙了”中的毙了。

例句：She was dressed to kill when I saw her at the convention last year.

当我在去年大会上见到她时，她光彩照人。

152. dribs and drabs—little by little, small quantities. 点点滴滴，零零碎碎，三三两两

注解：drib 名词是“少量，一滴”，动词为“滴下”。drab 作为名词为“小额”。两个表示“少量”的单词叠加，就是“点点滴滴，零零碎碎，三三两两”。

例句：She told us the story in dribs and drabs.

他零零碎碎地给我们讲了故事。

153. drive at—try to say, insinuate. 用意所在

注解：drive v. 驾驶，推动。现在有句比较流行的网络用语“一言不合就开车”，这里的“开车”是“谈论某个话题”的含义，所以，车（话题）会开（聊）到哪里取决于你的意图。

例句：What were you driving at when you said that insulting comment?

当你发表那个带有侮辱性评论的时候你的用意何在？

154. drive someone up a wall—make someone crazy. 使某人非常生气

注解：“开着车把某人撞墙上了”，他能不生气吗？

例句：My son is driving me up a wall!

我的儿子真是气死我了！

155. drop in the bucket—a small amount. 微不足道

注解：drop 作为名词是“一滴”，bucket 是“水桶”。字面理解为“水桶里的一滴水”，那真的是微不足道了。

例句：The cost of fixing the sink is a drop in the bucket compared to replacing the whole sink.

相对于买一个新的水槽而言，修水槽的费用太微不足道了。

156. drop out—one who doesn't complete a study course. 退学

注解：drop 作为动词有“放弃”的含义。drop out 这里是一组固定搭配，表示学业终止，也就是退学的意思。

例句：My cousin dropped out of college.

我的表兄（弟）从大学辍学了。

157. drown one's sorrows—drink liquor to forget one's problems. 借酒浇愁，忘记烦恼

注解：drown 是“淹没”，sorrow 是“悲伤，痛苦”。字面理解为“淹没某人的悲伤痛苦”，就是中国的俗语“借酒浇愁”了。

例句：I was so upset last night, that I drowned my sorrows at the bar.

我昨晚非常难过，在酒吧借酒浇愁。

158. dump—get rid of，reject. 摆脱，抛弃，拒绝

注解：dump 作为动词时是“扔”，引申一下，“把……扔了”不就是“抛弃”了吗？

例句：I can't believe you dumped your girlfriend.

我不能相信你竟然抛弃了你的女朋友。

159. dwell on—talk and think about something all the time. 凝思

注解：dwell v. 居住；细想某事。你的思想居住在了某件事情上面，就表示你在“细想，凝思”某件事了。

例句：I know it is a big decision，but you shouldn't dwell on it all day.

我知道那是一个重大的决定，但是你不应该成天想着它。

160. eager beaver—ambitious，hard working. 做事非常卖力气的人，做事勤奋的人

注解：eager adj. 渴望的。beaver n. 河狸。河狸一个独特的本领是垒坝，凡是河狸栖息或是栖息过的地方，都有一片池塘、湖泊或沼泽。河狸总是孜孜不倦地用树枝、石块和软泥垒成堤坝，以阻挡溪流的去路，小则汇合为池塘，大则可成为面积达数公顷的湖泊。这里用 beaver 比喻对成功非常渴望的人。

例句：Charlie gets to work at 7：00 am every day. He is an eager beaver.

Charlie 每天七点上班工作，他是如此勤奋的人。

161. earful—interesting gossip，information. 有趣的消息

注解：earful n. 怨言；（有趣的）信息。

例句：My friend found out about the local politician. I got an earful.

我的朋友发现了当地政客的一些有趣的信息，我听了个够。

162. egg someone on—push，urge. 鼓励/怂恿某人

注解：这个表达中的 egg 是另一个单词 to edge 的变种，表示把某人推向边

缘 edge。

例句：My wife didn't want to take the job, but I egged her on.

我的妻子不想接受那份工作，但是我鼓励她去了那里上班。

163. elbow grease—strength for cleaning. 精力，体力活

注解：elbow n. 手肘；grease n. 润滑油。elbow grease 字面意思是肘部涂的油脂，引申为干活的力气，做事的技巧。古时候，英国的工人们在给贵族家帮佣的时候，为了把窗子、家具和地板清扫干净并抛光打蜡，总是在手臂和肘部涂抹上油脂，以节省力气和加强效果。后来人们就把 elbow grease 比喻为体力劳动，艰苦的工作，苦差事。

例句：I needed to use a lot of elbow grease to get the dirt off the floor.

我需要用很多体力才可以把地板上的污渍除掉。

164. elbow room—enough space to be comfortable. 空间，某人能施展的地方或空间，自由度

注解：elbow n. 胳膊肘。room 除了"房子"之外还有"空间"的意思。源于在工厂工作时最容易碰到旁边人的身体部位是胳膊肘。

例句：It was so tight in that restaurant. There wasn't any elbow room.

那个餐馆太挤了，根本没有太多活动空间。

165. end up—finish. 结束，以……而告终

注解：end up 是在口语里经常会使用的表达，在"结束"的这层含义上，可以表示"最终成为""最终处于"等意。常与动名词、介词和形容词连用。如：He ended up in prison.（他最终会在监狱度过余生。）

例句：I heard that you got lost on your way home last night. Where did you end up?

我听说你昨晚回家的时候迷路了，你最后去哪了？

166. every Tom, Dick and Harry—the average person, nobody special. **任何人，随便什么人**

注解：Tom，Dick，Harry 这里并不是指的人名，而是指各种类型的人。有点像汉语里面的张三李四王五赵六，其实是泛指随便什么人。

例句：It seemed like every Tom，Dick and Harry came out to purchase tickets for the movie.

看起来任何人都来买这部电影的电影票了。

167. face the music—meet one's punishment, accept the consequences. **面对现实，接受应得的惩罚**

注解：face 除了名词“脸”的意思之外，还有动词“面对”的意思。music 是“音乐”的意思。两个单词连在一起 face the music，是“面对音乐”的意思。“面对音乐”很容易让人认为是快乐的事情。但是英语中用 face the music 来表示“面对现实”也就是说不得不接受不愉快的结果。

例句：When he got caught stealing the money from the bank，he realized that soon he would have to face the music.

当他在银行偷钱被抓的时候，他意识到很快他就要接受应得的惩罚。

168. face up to—accept something unpleasant or difficult. **勇敢面对……**

注解：face v. 面对；up 和 to 并没有特定的含义，主要表示一个方向。

例句：You need to face up to the fact that you did not win the election.

你要勇敢面对你没有赢得选举的事实。

169. fair and square—honest, honestly. **诚实地**

注解：fair adj. 公平的；square 作为名词是“正方形，广场，平方”的意思，作为形容词是“正直的”。公平又正直就是“诚实，光明正大地”的意思了。

例句：I won the contest fair and square.

我光明正大地赢了比赛。

170. fall apart—stop working properly, deteriorate. **破碎，分离，土崩瓦解**

注解：fall v. 落下，下落；apart adv. 分开地。字面理解为“分开地落下”，不就是“破碎”了吗？

例句：His old car finally fell apart.

他的旧车最终还是坏掉了。

171. fall behind—not be able to keep up, fail to maintain a schedule or rate of speed. **落后**

注解：字面理解为“被落在后面”，就是“落后”的意思。

例句：When she couldn't go to school because of her illness, she significantly fell behind in her work.

当她由于疾病不能上学的时候，她落下了很多功课。

172. fall for—begin to love, have strong emotions for. **迷恋，爱上**

注解：字面理解为“为了某人而掉下去”，实际上就是“为了某人而不能自拔”“爱上某人”的意思。

例句：I fell for her as soon as I met her.

我对她一见钟情。

173. fall off—decrease. **下降**

注解：off有“从…离开，脱落，落下”的含义。字面理解为“落下去”，就是“下降”。

例句：Sales have been falling off since the economy has slowed down.

自从经济下滑，销售额就一直在下降。

174. fall through—fail, collapse. **落空，失败，泡汤**

注解：fall是动词的“落下，下落”，through是介词的“穿过（主要指从内部穿过）”。想象一下一件物品掉在地上很难实现“穿透”地面，但是掉在水里就比较容易实现“穿透”了。东西掉在水里，就是“泡汤”了。

例句：The big sale I made at work yesterday fell through this morning.

我昨天在工作中达成的交易在今天早上泡汤了。

175. false alarm—warning or report that is untrue. 假警报，虚惊一场

注解：false adj. 错误的；虚伪的；伪造的；alarm n. 闹钟，警报。

例句：She thought that she was pregnant，but it was a false alarm.

她以为她怀孕了，但是却是虚惊一场。

176. far-fetched—unlikely，exaggerated. 牵强的，不靠谱的

注解：fetch 是动词“取，拿”的意思，far adv. 很；遥远地；adj. 远的；久远的。字面理解为“很难取得的”，表示的就是“不太可能的，牵强的，不靠谱的”。

例句：The possibility of her receiving a full scholarship is very far-fetched.

她全额获得奖学金的可能性不太大。

177. fast buck—money obtained easily and often unethically. （通过不正当或是不道德的手段获得的）快钱

注解：fast adj. 快速的；buck n. （美）钱，元。

例句：I know a way we can make a fast buck.

我知道有一种方法可以让我们赚一些快钱。

178. feather in one's cap—proud achievement. 值得骄傲的成绩，骄人成就，荣誉

注解：feather n. 羽毛；cap n. 帽子。字面理解为“在帽子里的羽毛”。这个表达来自美国印第安文化，那时的人们如果地位较高，就会在帽子上面插上一根羽毛来显示身份和地位。后来被引申为“荣誉”的标志。

例句：His speech went well at the corporate meeting. It was a feather in his cap.

他在合作会议上的发言非常好，是一个骄人的成就。

179. fed up with—had enough，disgusted with. 受够了……

注解：fed 就是 feed 的过去式，表示被喂饱了，被某事喂饱的含义就是受够了某事。

例句：She was fed up with his attitude at the office.

她受够了他在办公室的态度。

180. feel in one's bones—know by intuition，feel certain without evidence. 直觉，感觉某事一定会发生

注解：feel 是“感觉”，bone 是“骨头”。feel it in one's bones 字面理解是“某人骨头里都能感觉得到”，引申意思就是：“有一种直觉，预感某件事一定会发生”。

例句：I believe he is going to get the promotion. I can just feel it in my bones.

我的直觉告诉我他将会升职。

181. feel like a million bucks—feel wonderful. 感觉好极了

注解：feel 意指感觉，a million 意指百万，bucks 意指美元；to feel like a million bucks 字面理解为“感觉像得了一百万美元”，喻指感觉好极了，十分惬意。

例句：I felt like a million bucks when I wore my new suit to the wedding.

当我穿着我的新西装去参加婚礼的时候，我感觉好极了。

182. feel like two cents—feel ashamed or embarrassed. 感到羞愧，感到惭愧

注解：cent n. （美）一分钱。如果你兜里只有两分钱，你会感到羞愧吗?

例句：I felt like two cents when I dropped the birthday cake on the floor.

当我把生日蛋糕掉在了地上，我感到很羞愧。

183. feel sorry for—pity. 同情……，为……感到可惜

注解：在英语口语中，当某人听到对方告诉你一个不好的消息时，常会说："I'm sorry to hear that." 译为"听到……表示很遗憾""抱歉听到……"。字面理解"对于……感到遗憾"，就是"对……表示同情"的意思。

例句：She felt sorry for him when she heard the news of his accident.

当她听到了他出了意外的消息，她很同情他的遭遇。

184. fender bender—minor accident. 轻微的交通事故，小车祸

注解：fender n. （汽车等的）挡泥板；bend 作为动词是"弯曲"，动词后如果加 er 常表示与这个动作有关的人或物。字面理解为"汽车的挡泥板弯曲"，只是"挡泥板弯曲了"，所以只是小车祸。

例句：I had a fender bender on my way to work this morning.

我今早上班的路上出了一个小车祸。

185. fiddle around—work without a definite plan and knowledge. 玩弄；吊儿郎当；虚度光阴；不务正业

注解：fiddle 当动词用的时候可以解释虚度时光或者鬼混，所以 fiddle around 想必意思是东游西逛。大家可能会想到另外一个很相似的习惯用语：fool around。它的意思似乎和 fiddle around 一样，但是 fiddle around 更常用来说不务正业，把时间浪费在一些琐碎无聊的事情上。

例句：The clock was broken, so he fiddled around with it until he got it to work.

钟表坏了，所以他一直摆弄它直到把它给修好了。

186. figure out—try to understand, solve. 解决，算出，搞清楚，弄明白，理解

注解：figure 也有思考的意思，figure out 就是通过思考得出某些结论，就

是解决问题。

例句：She couldn't figure out one of her math problems.

她无法算出其中一道数学题。

187. fill someone in—tell a person the details. 告诉某人（细节）

注解：fill in 是"填充，填写"的意思。fill someone in 字面理解为"用某事件把某人填充"，表示的就是"告诉某人消息"的意思，且告诉的内容往往是一些细节问题。

例句：We had the meeting yesterday when you were out. Let me fill you in on what you missed.

昨天你不在的时候我们开了一个会，让我来告诉你错过了什么细节。

188. find fault—complain，criticize. 找茬，埋怨，吹毛求疵

注解：fault n. 错误；缺点；毛病。字面理解"找毛病，找缺点"不就是"找茬"的意思吗？

例句：She always seems to find fault with any of my friends.

她看上去总像是对任何一个朋友都很挑剔。

189. fish out of water—someone who does not fit in. 不自在，不得其所

注解：字面理解为"离水之鱼"。鱼当然离不开水，如果鱼离开了水，它会自在吗？

例句：She felt like a fish out of water when she went to the party in her formal dress while everyone else was wearing jeans.

当她穿着正式的裙子参加聚会而其他人却都穿着牛仔裤的时候，她感觉自己就像是一条离水之鱼一样不自在。

190. fishy—suspicious，false sounding. 可疑的

注解：fishy adj. 鱼的；可疑的；似鱼的。

例句：Your company is giving you a month off from work? That sounds a bit fishy.
你的公司给你放了一个月的假？我不太相信。

191. fix someone up—arrange a date for someone. 撮合

注解：fix 也有固定的意思，比如把某物固定在某物上面，to fix something onto something else.

例句：I fixed her up with my best friend.
我撮合了她与我最好的朋友在一起了。

192. flip one's lid—get angry，go crazy，become very excited. 大发脾气

注解：flip 是“翻开，按（开关）”，lid 是“盖子”。这里指的是“头盖，脑壳”的意思。字面理解“……翻开了某人的头盖骨”，表示的就是把某人给气炸了。

例句：He flipped his lid when he found out his son stole some candy from the store.
当他发现自己的儿子从商店里面偷糖吃的时候他气炸了。

193. floor someone—surprise，confuse. 使某人惊讶

注解：floor 作为名词为“地板”，作为动词是“击倒”。字面理解是“击倒某人”，“击倒”并不一定是身体上的击倒，一个消息、一件事情也可能击倒某人。也就是“某件事情使某人非常惊讶”的含义了。

例句：I was floored when I found out they had made me a surprise birthday party.
当我发现他们给我开了一个惊喜的生日宴会，我被惊讶到了。

194. flop—failure. 失败

注解：flop n. 失败。作为动词时指一个倒下的动作，或者任何相对平坦的物体拍在地上/水面的现象，比如鱼在水面上拍尾巴，很业余的跳水，或者电影里人中弹倒下。

例句：His business ended up being a flop.
他的生意终以失败告终。

195. fly off the handle—get angry. 勃然大怒，大发雷霆

注解：美国人在十七世纪初来到北美洲大西洋沿岸的东部地区定居。此后，他们了花两百多年时间来开拓西部的大片处女地。在这期间，这些开拓者的生活不仅非常艰苦，而且还有生命危险。为了能够进行耕作，他们得用斧头来砍伐森林，用犁来翻耕处女地。他们经常猎取野兽来作为食品。同时，他们还要随时准备抵御敌对的印第安人的袭击。所有这些经历都丰富了美国人的语言，即便在今天使用的语言中，人们还可以发现许多开拓时期生活的痕迹。拿斧头来作例子吧：它既大，又重，头上还有锋利的刀口。这是一个很危险的工具，特别是当斧头突然从斧柄上脱落的时候，谁要是倒霉正好在旁边的话，就有可能被砍伤。现在，美国人就把有的人突然失去控制而勃然大怒的现象叫作：to fly off the handle。fly 是飞的意思，而 handle 是指斧头柄。

例句：Her mother flew off the handle when she found out that her daughter dropped out of college.
当发现自己的女儿退学了她的妈妈勃然大怒。

196. fly the coop—leave suddenly，run away. 突然秘密离开，逃走

注解：coop 是“（关小动物的）小笼子，鸡笼”。fly v. 通常理解为飞行但是也有逃跑的意思，在这里应该理解为逃跑，也就是逃离笼子。

例句：As soon as he turned eighteen years old，he flew the coop.
他一到十八岁就离开父母（自己住）了。

197. fly-by-night—unreliable，untrustworthy. 不可靠的，不可信任的

注解：fly by night，“在漆黑夜里飞行”？当然不能这样望文生义。不过，fly by night（不可靠）倒真的与夜晚行动有关——赖账房客为逃房租，夜晚偷逃出房东家。19 世纪早期，fly by night 被用来形容“赖账的房客”——因为没钱付房租，他们只好在半夜偷偷逃走。很明显，fly 在这里理解为“逃离，

逃跑”。随着时间的推移，fly by night 的词义范围有所扩大，可表示任何不光明的行为，特别指那种犯下恶行后逃之夭夭的犯罪分子。今天，我们常用 fly-by-night 来形容某个商人“不可靠，不可信任”，所以，做生意或搞投资千万别找那些 fly-by-night company（无信誉的公司）来做自己的商业伙伴。

例句：I don't want to buy my computer from that store. It's a fly-by-night company; they may not be in business next year.
我不想从那个店里买电脑，因为那是个不可靠的公司，明年是否存在都不一定。

198. foot in the door—opening, hopeful beginning of success. 成功的第一步

注解：美国的商品推销员在很久以前还是挨家挨户地去推销商品，例如吸尘器、厨房用品、百科全书和圣经等。当一位家庭主妇听到敲门声，把门打开的时候，精明能干的推销员就会把一只脚先伸到门里边，这样可以避免在他还没有机会介绍他的商品之前女主人就把门关上了。这种挨家挨户访问的推销员现在几乎已经销声匿迹了，大多数推销员现在都靠电话来招揽生意。可是，把一只脚先伸到门里边这个说法却成了一个人们经常用的俗语。为了达到一个目的迈出了第一步，尽管你可能离达到目的的距离还很远。

例句：It is not my idea of a perfect job, but at least I have my foot in the door with a great company.
我没有想找到一个完美的工作，但至少我在这个伟大的公司迈出了成功的第一步。

199. foot the bill—pay. 负担全部费用，付账

注解：foot 作为名词是“脚”，作为动词还有“支付”的意思。

例句：Who is going to foot the bill for the office renovations?
谁来支付办公室装修的费用？

200. for a song—at a low price，cheap. **非常便宜地；廉价地**

注解：这个习惯用语可以追溯到十六世纪晚期。最早的时候，for a song 是指给街头艺人的便士，也就是几个小钱的意思。

例句：He got his new car for a song.

他以非常便宜的价格买了一辆新车。

第五部分　第 201－250 句

请对照相应视频学习

201. for the birds—terrible，awful. 荒唐可笑的，令人厌恶的

注解：这个习惯用语的意思是毫无价值的、荒唐可笑的、令人生厌的。它的出典可能是这样一个事实：鸟类吃的往往是人所不欲的东西。有些东西人见了甚至想吐，但是鸟儿却争着把它啃个精光，所以人们就开始用 for the birds 来表示“讨厌的”“令人作呕的”。还有一种解释是来自单词“bird—brain”，鸟的脑袋比较小，所以里面的脑子也必然是小小的。要是一个人的头脑像鸟脑袋一般大，那这个人几乎等于没什么头脑了，想的事情也就比较荒唐可笑了。

例句：I work long hours and hardly get paid. This job is for the birds.

我工作很长的时间但是还是很难拿到薪水，这个工作真的令人厌恶。

202. for the time being—at the present time. 暂时

注解：for the time being 是固定搭配，常在剧中做状语，表示“暂时，暂且，目前”。

例句：For the time being，let's not make any changes to the report.

暂时来看，我们不要对报告作任何修改。

203. free-for-all—mayhem，disorder. 多人为所欲为的失控场面

注解：free 作为形容词的其中一个含义是“免费的”。字面理解为“对所

有人都免费”，如果商场里的物品对所有人都免费了，那会是什么场面呢？

例句：When the teacher left for a meeting, it was a free-for-all in the classroom.
当老师去开会了，教室里就失控了。

204. freeload—get things that others pay for. 吃白食，依靠他人而生存

注解：freeload vi. 吃白食；不劳而获。

例句：When my friend moved into my apartment, stayed for a year and never contributed any money, I knew he was a freeloader.
当我的朋友搬到我的公寓，待了一年却从不出钱，我知道他是个吃白饭的人。

205. from the bottom of one's heart—with great feeling, sincerely. 衷心地，真诚地

注解：字面理解："从某人心底……"做某事，就是"衷心地，真诚地"。

例句：My sister thanked me from the bottom of her heart for saving her dog's life.
我的姐姐（或妹妹）衷心地感谢我拯救了她穷困潦倒的生活。

206. from the left field—unexpectedly, with an odd or unclear connection to the subject. 意外地，出乎意料地

注解：这个表达来自于棒球运动，由于在一般情况下，打者多是右打者，因此从理论上击向左外野的球会比较多。如果不是，那就有点意外了。

例句：We were in the middle of a business meeting when, out from the left field, he asked about the weather.
我们在忙着开会说正事的时候，他出乎意料地问了天气怎么样。

207. from scratch—from the very beginning, starting with raw materials. 白手起家，从零开始；用原材料……

注解：scratch这个词的意思是抓或者刨刮表面。你要是给蚊子叮了一口，你就会这样做：scratch your skin with your fingernails，就是你会用指甲去抓痒。也许不少人都知道这句很有意思的俗语：You scratch my back and I'll scratch yours. 这句话直译就是：你给我搔背，我也为你抓痒痒。它风趣地表达了彼此帮忙、相互捧场的意思。scratch 在这里都当动词用，但是它也可以作名词，而且有新的含意。一百多年前人们在赛前用棍子在泥沙跑道上划出一条直线，运动员就从这儿起步，所以 scratch 可以解释“起跑线”。这个短语从字面理解是“从起跑线开始”就是“从头开始”的意思。

例句：This chocolate was not made from a cake mix，she made it from scratch.
这种巧克力并不是用蛋糕粉做的，而是用原材料做的。

208. fume—be angry. 发怒，生气

注解：fume vi. 冒烟；发怒。在口语中我们经常听见有人说“气得冒烟了”。fume 本意是“烟”，后来衍生出“愤怒”的意思。

例句：When I heard that she was talking about me to other people，I was just fuming.
当我听到她在跟别人说我的时候，我很生气。

209. game—willing，ready. 敢于尝试的，勇敢的，准备好了的

注解：game 作为名词是“游戏，比赛”，但是这个单词还有形容词的含义表示“乐意的，愿意的”。在美国，人们经常用“I'm game.”来表示愿意做某事。当然还有另外一种情况，就是当某人跟你叫板的时候，如果你说“I'm game.”代表的就是“不管是什么样的艰苦比赛，不管对手是谁，我都跟你死磕到底，放马过来”的意思。

例句：Okay，you want to make plans to go to China? Okay，I'm game. Okay，
你想计划去中国？好，算我一个。

210. game is up—your tricks have been exposed. 游戏结束了，少忽悠人了

注解：莎士比亚发明的一个说法，game is over 的变种，直译为游戏结束

了。我们中文里有时候也会这样说，意思就是我们不用继续玩游戏了，你们不用戏弄我了。

例句：Game's up, your "business" is a pyramid scheme and I have contacted the police.

游戏结束了，你所谓的“生意”就是传销，我已经报警了。

211. get a grip on oneself—take control of one's feelings. 控制自己的情绪

注解：grip 作为动词是“紧握”，作为名词有“支配，控制”的意思。字面理解是“把控制放在自己身上”，就是“控制好自己的情绪”了。

例句：When he lost the soccer game, he couldn't stop crying. I told him to get a grip on himself.

当他输掉了足球赛后，他哭得停不下来。我告诉他要控制好自己的情绪。

212. get a kick out of—enjoy. 享受，从做某件事情得到快感

注解：kick 这个单词大家比较熟悉的是它动词的意思“踢”，其实 kick 还有名词的词性，有“极大的快感，极度的兴奋”之意。字面理解“从…得到极大的快感”就是“享受”的意思。

例句：I get a kick out of it every time I see her dance.

我很享受每次看她跳舞的感觉。

213. get a load of—have a good look at. 打量，仔细看

注解：load 作为名词是“负荷，装载量”，作为动词是“装载，装填，（对于计算机程序）载入”，除了以上两种词性之外，load 还有量词的词性，表示“许多”。a load of 就是“许多的……”。字面理解是“得到很多的……”。两个人初次见面，你能得到什么呢？当然只能通过打量才能得到更多的信息。

例句：Get a load of those fancy cars driving down the street.

仔细地看一下那些向街上驶去的豪车。

214. get ahead—become successful. 获得成功

注解：get 除了有“得到”的意思之外，作为动词还有“处于”的意思。例如：get into trouble（处于麻烦之中）。ahead adv. 向前地；领先地。字面理解“处于领先地位”就是“获得成功”的意思了。

例句：She is saving all her money，so that one day she can get ahead.
她把所有的钱都存起来以至于有天她可以（靠这些钱）获得成功。

215. get along—manage. 应对

注解：get along 是个固定搭配，表示“应对；与……和睦相处”。常与 with 连用。比如：I get（well）along with her. 我与她相处融洽。

例句：He realized that he was able to get along quite well without his partner.
他意识到没有他的伙伴他也可以从容应对。

216. get around to—finally find time to do something. 抽时间做……

注解：get around to 是固定搭配表示“抽出时间着手做某事”，值得注意的是这里的“to”是介词，后面如果接动词时，要使用动名词的形式。

例句：I have put it off for months，but I finally got around to cleaning the windows.
虽然我已经拖了几个月了，但是我终于抽出时间来擦擦窗子了。

217. get at—mean，hint. 暗示，意指

注解：get at 固定搭配表示“意指”。

例句：You tell me that I am slow at work. What are you trying to get at?
你说我工作很缓慢，你到底什么意思？

218. get away with murder—not be punished for wrongdoing. 做坏事而不受惩罚，逍遥法外，为所欲为

注解：get away 是“逃脱”，murder 既是名词也是动词，译为“谋杀，凶

杀”。字面理解“逃脱谋杀”，就是指“做坏事而不受惩罚，逍遥法外，为所欲为”的意思。

例句：He's the boss's son and comes in late everyday, but we can't complain. He's getting away with murder.

他是老板的儿子所以每天都来晚。但是我们也不能说什么，只能任他为所欲为了。

219. get cold feet—be afraid at the last minute, lose confidence. 失去信心，临阵退缩，畏首畏尾

注解：一个人在充满信心的时候往往就会无所畏惧，勇往直前。但是，当一个人对某件事感到胆怯的时候，他就会畏缩不前。我们经常可以看到一种情况：有的人对一件事开始的时候很有信心，很有把握。可是，事到临头就变得没有勇气了。在英文里有一个俗语是用来形容类似情况的，那就是 cold feet。cold 是“冷”的意思，feet 就是两只脚。cold feet 并不是在雪地里走而使你的脚很冷，而是形容一个人没有太多信心，畏首畏尾。

例句：I was prepared to make a speech, but I got cold feet when I saw how many people were going to hear it.

我本来已经准备好了演讲，但是当我看见那么多人会听的时候我胆怯了。

220. get down to brass tacks—begin important work or business. 讨论实质问题，转入正题

注解：get down to 本身就构成一个短语，意思是“开始做……，着手做……”，如 Let's get down to work now.（现在让我们开始工作吧!）。brass tacks 是用黄铜做的平头钉，那么 get down to brass tacks 是什么意思呢？关于这一成语的出典有不同的说法，其中的一种说法认为 brass tacks 指从前布店里钉在柜台上用以量布的黄铜钉，有人要买布，售货员就把布从货架上取下来，用黄铜钉作为标志来量布，于是 get down to brass tacks 便有“办正事”的意思，相当于 get down to business，也可以引申为“言归正传”。现在这个表达用得相对较少一些，多数现代人还是会用“get/go down to the business”来代替“get down to brass tacks”。

例句：Get off the phone so that we can discuss business. Let's get down to brass tacks.

放下手机，我们好谈谈生意。让我们转入正题吧。

221. get even—get revenge，settle the score. 报复，扯平

注解：even 作为形容词是“相等的”。字面理解“得到相等的”就是“扯平”的意思。常与 with 连用，表示“和某某算账”的意思。

例句：I was so upset when she insulted me last week. I want to get even with her.

当她上周侮辱我的时候我非常难过，我想跟她算算账。

222. get in on the ground floor—start from the beginning so you'll have full advantage of any favorable outcome.（因一开始就参加或入股而）获得有利地位；以享受与企业创办人同样优先权的资格入股

注解：get in 是“进来”，floor 是“地板”。一栋房子的底层常常叫作 the ground floor。字面理解是“从底层进来”。对于一个成功的企业来说，如果一个人是从一开始就加入进来的，是创始人之一，那他在公司成功后肯定会得到相对比较丰厚的回报。所以 get in on the ground floor 表示的是早期入股，取得优先地位的意思。

例句：He is a very wealthy man. He was one of Microsoft's first employees and got in on the ground floor.

他是个非常富有的人，因为他是微软的第一批员工，凡事具有优先权。

223. get in the swing of things—adapt or adjust to a new environment. 适应新环境

注解：swing n. 秋千；摇摆，摆动。字面理解“进入摇摆的事情当中”就是“适应新环境”的意思了。

例句：After working two weeks in the new department, I finally got into the swing of things.

在新部门工作了两周之后，我终于适应了新的环境。

224. get off on the wrong foot—make a bad start. **起步便错；一开始就很不顺利；开始就乱了步骤**

注解：字面理解“在出发的时候下错了脚”就是在一开始就出现问题，不是很顺利了。

例句：Having a fight with a co-worker on my first day of work was not a good idea. I got off on the wrong foot.

在我第一天上班就跟同事打了一架绝对不是一个好现象，我一开始就搞砸了。

225. get off one's back—leave someone alone, don't bother. **停止纠缠，不再打扰某人**

注解：字面理解“离开某人的后背”。在口语中我们常说无论什么事我都站在你的背后，其实表示的就是“支持某人”的意思。那“离开某人的后背”就是“不再打扰”的意思了。

例句：She reminded me that I had to prepare for my trip out of town. I wish she would get off my back.

她提醒我得为出城游玩做准备了。我倒是希望她可以别烦我。

226. get off the ground—make a successful beginning, go ahead. **起飞，顺利起步，（使）成功地开始，（使）取得进展**

注解：get off 有“出发；离开；脱下；下（飞机、车）”的意思。字面理解是“离开地面”。事情如果“离开了地面”，就是蒸蒸日上的趋势。代表某件事情进展顺利。

例句：He will finally take his project and get it off the ground in the coming year.
他将最终接受这个项目而且会在即将到来的一年取得进展。

227. get off your high horse—stop being arrogant. 别摆架子了

注解：直译为从你的高马上下来，在古代一般有钱有势的人才有马骑，骑在马上说话比喻某人自认为高人一等，有架子。

例句：They have to get off their high horses because I will consider working with them.
他们想合作的话得先把他们的架子放下来。

228. get one's goat—make someone disgusted，annoyed，angry. 使某人发怒或厌恶

注解：goat n. 山羊。字面理解是“把某人的山羊偷走”，你是不是很纳闷：这到底是什么意思呢？如果我告诉你 get one's goat 意思是“激怒某人”，你是不是会更奇怪呢？因为山羊在人们的心目中一直都是一种很温顺，很安静的动物。就让我们看看这个短语的由来吧。有人说，这个短语最早从赛马中而来：将山羊和用于比赛、性情暴躁的纯种赛马饲养在一间房里，可以使马儿安静。而如果一个卑鄙的竞争者在比赛前一天将山羊偷偷牵走，马儿就会因为没有山羊的陪伴而异常急躁，最终就会输掉比赛。由此可见，这个短语最初应该是：gotten the horse's goat。不过，关于这种饲养理论属实与否很难考证，而且这个短语直到 1908 年才以书面形式出现，远远晚于其实际应用的时间。于是又出现了一种说法：goat 在监狱俚语中代表 anger，因此就有了 get one's goat 一说。

例句：Sitting in traffic for 5 hours really got my goat.
堵车堵了 5 个小时真地让我很上火。

229. get out from under—end a worrisome situation. 脱离艰困，摆脱困境

注解：get out 是“离开，出去”。字面理解是“从下面走了出去”，在口语中我们常说，某人被踩在脚底下。如果你成功地“从下面走了出去”，表示的就是你已经摆脱困境了。

例句：I am glad that I am working again and making money. I finally got out from under my bills.

我很开心我又开始工作赚钱了。我终于摆脱困境了。

230. get out of—withdraw. 逃避

注解：get out of 本身就有“从……出来”的意思，引申义为“逃避……”。

例句：I would really like to get out of going to the holiday party.

我真不想参加假日聚会。

231. get out of hand—lose control. 失控

注解：字面理解是“从手里离开”，如果有一件事情我们可以握在手里，就代表我们可以控制它。那如果离开了我们的手，就是“失控”了。

例句：The party really got out of hand when they started drinking alcohol.

当他们开始喝酒，聚会就彻底失控了。

232. get something off one's chest—unburden yourself，tell what's bothering you. 一吐为快

注解：chest n. 胸，胸部，胸腔。话从胸腔里面出来了，那就是“一吐为快”了。

例句：I feel better ever since I told him my problem and got it off my chest.

自从我告诉了他我的问题一吐为快后，我感觉好多了。

233. get the axe—be fired. 被解雇

注解：axe 作为名词是“斧子”，作为动词是“削减；解雇”。get the axe 字面理解“得到了一把斧子”，斧子用来干吗的呢？当然是用来砍东西的。“被砍掉”引申义就是“被解雇了”。

例句：My company finally realized that he wasn't doing his job. They gave him the ax.
我的公司最终意识到他没有做好他的工作，他们把他给解雇了。

234. get the runaround—be sent from place to place without getting the information needed. （做了无用功后）没有结果

注解：runaround n. 回避；推诿；搪塞。字面理解"得到了推诿"，实际上就是被"踢皮球"了。

例句：It took me four hours to renew my driver's license. I was sent to almost every department and seemed to get the runaround.
我花了4个小时去更新我的驾驶证，我差不多去了所有部门但是感觉好像也没什么结果。

235. get the show on the road—start a project or work. 开始行动，付诸实践

注解：字面理解是"让表演到路上"，比喻开始做某事。

例句：We have been discussing unimportant things all morning. Let's get the show on the road and start getting down to business.
我们已经讨论了一早上的不太重要的事情，现在让我们开始转入正题吧。

236. get to the bottom of—find out the real cause. 了解……的底细，弄清（或探明）……的真相，弄清……的起因，寻到……的根子，详细调查，把……弄个水落石出

注解：字面理解"到达某事的底部"，实际上就是"弄清楚某事的真相"的意思。

例句：After talking to my friend for an hour，I finally got to the bottom of why he was angry at me.
在和我的朋友聊了一个小时之后，我终于弄清楚了他生我气的原因了。

237. get under someone's skin—annoy，bother，upset. 惹恼某人，使某人恼火

注解：从“深入皮肤底层”这样的直译中，就能感觉到这个词条有多么令人不爽。在口语中，它用于被惹恼、被激怒、被强烈地影响了情绪等语境中。

例句：He has a difficult and annoying personality and always got under my skin.
他令人讨厌的性格总是让我恼火。

238. get up and go—ambition，energy，enthusiasm. 热情；魄力

注解：get up 表示起身、站起来、起床。go 表示走、出发、离开的意思。字面理解“一起床就去做事情”，那不是很有热情吗？

例句：She always seems so excited and motivated at work. She's got a lot of get up and go.
她在工作的时候看起来总是很兴奋很有动力，她真的很有热情。

239. get up on the wrong side of the bed—be in a bad mood. 心情不佳

注解：get up on the wrong side of the bed，要是直译就是起床的地方不对头。这是个在美国通用的习惯用语，从二十世纪三十年代起一直沿用到今天。人们的日常生活中时时会出现这样情形：觉没睡够，或者得重感冒了，或是半夜闹肚子，也可能早上醒来就是有件特别让你烦恼的事儿压在心头。这一来你这一整天都会情绪不佳，而且你对周围人的态度也变得急躁了。这时就可以用 get up on the wrong side of the bed 来描述这种整天情绪不佳的状况。事实上你并没有真的从错的一边下床。

例句：My son has been cranky all day. I think he got up on the wrong side of the bed.
我的儿子一整天都很闹人，我觉得他的情绪不是很好。

240. get what is coming to one—what one deserves，good or bad. 某人应得的（好或坏）后果

注解：what is coming 是“即将到来的事情”，字面理解“得到即将到来的

事情在身上”，那就是为之前所做的一些事情买单。如果之前很努力，那么“即将到来的事情”也许就是成功。如果之前做的是违法的事，那即将到来的后果也许就是罪有应得。

例句：After stealing so much money from the charity，I really hope he gets what's coming to him.
在从慈善机构偷走了很多钱之后，我真心希望他得到应有的报应。

241. get wind of—find out，hear gossip or rumors about. 听到……风声，风闻

注解：wind 是名词“风”，在特定环境下也可翻译成“风声”。字面理解是“得到……的风声”。

例句：I got wind of the fact that they will be closing down our department.
我得到风声，他们将要关闭（解散）我们部门。

242. give a hoot—care. 计较，在乎，关心

注解：hoot n. 鸣响；嘲骂声；汽笛响声。字面理解是“给一个汽笛声；给嘲骂”，其实就是很在意，很关心发生的一些事情。

例句：I don't give a hoot who wins the election.
我并不关心谁赢了大选。

243. give in—do as others want，surrender. 屈服，投降

注解：give in 其实是“give all in”。字面理解是“把所有的都给了”。两军交战，如果你把所有的给了，都交了出去，表示的就是投降了。后引申为不再坚持自己的观点，而按别人要求的去做。“向某人屈服”为“give in to sb”。这里要注意的是 give up sth/doing sth 也有“放弃”之意。但是 give up 主要指因行为或努力受挫或是别的原因而主动放弃，且可作为及物动词。而 give in 一般用作不及物动词。

例句：I wanted to paint the room blue，my wife wanted yellow. I had to give in.

我想把房间涂成蓝色，但是我老婆却想要涂成黄色。我不得不屈服。

244. give it one's best shot—try very hard. 尽力而为

注解：字面理解“某人给某事最好的一击”，那一定是尽自己最大的努力完成目标的意思。

例句：I gave it my best shot，but I still didn't make the team.

我尽力了，但是仍然没有获得资格加入球队。

245. give someone a break—give someone an opportunity or chance. 给某人一次机会；让某人松一口气，放某人一马

注解：这里的break并不是动词“打破”，而是名词“休息，间歇”。give someone a break其实有两层含义。字面理解“给某人一次间歇”表示的是“让某人休息一下”，也可以指停止絮絮叨叨地批评说教，也就是汉语中常说的“饶了我吧！够了！”。另外一层含义是“给某人一次机会”，意思是让某人稍作休息，再来一次的意思。

例句：The actor struggled for many years. Finally，someone gave him a break and put him in a movie.

那个演员努力了很多年，最终，有个人在一部电影中给了他一次机会。

246. give someone a hand—help. 帮忙

注解：字面理解“给某人一只手”，其实就是帮助某人的意思。

例句：I couldn't work my regular hours. A co-worker gave me a hand and switched schedules with me.

我无法在常规的上班时间工作，一个同事帮了我，跟我换了班。

247. give someone a piece of one's mind—say what you really think when angry. 痛快地把某人大骂一通，抱怨

注解：mind n. 理智，精神；意见。字面理解"给某人一片意见"，就是在某件事情上对某人特别恼火，痛快地把某人大骂一通的意思。

例句：I was so mad that he was late for the wedding, I gave him a piece of my mind.
他在婚礼上迟到让我非常生气，我跟他抱怨了一通。

248. give someone his walking papers—dismiss, fire, send away. 炒鱿鱼，叫某人滚蛋，解雇某人

注解：paper work 在英文中指"书面工作，文字工作"。比如写报告、写论文等，泛指与文件有关的事宜。如果要解雇某人的话，一定要走一个程序，人事部门会向那个人开一份 walking paper，正式终止合作合同。字面理解"给某人一份离开的文件"就是解雇某人的意思了。

例句：She got her walking papers on Friday and won't be coming back to work.
她在周五被开除不会再回来工作了。

249. give someone the green light—give permission to go ahead with a project. 批准，允许

注解：字面理解是"给某人绿色的光"。红灯停，绿灯行，这是大家熟知的交通规则。其实红色和绿色早已成为了两种约定俗成的颜色。红色代表"终止"，而绿色代表"通过"。所以给某人绿色的光其实是批准某人做某事的一种说法。

例句：We were finally given the green light to begin setting up the new project.
我们终于被批准开始进行新的项目。

250. give the cold shoulder—be unfriendly to, ignore. 对某人不友好，对某人态度冷淡，爱搭不理

注解：shoulder n. 肩膀。字面理解是"给冷肩膀"。如果两个人可以肩并肩地前行，说明这两个人关系非常好。但是如果一个人给了另外一个人“冷肩膀”，那就表示的是“不太待见某人”的意思。

例句：I was so mad at my cousin，that I gave her the cold shoulder at the wedding reception.

我很生我表妹的气，所以在我婚宴上我没怎么待见她。

第六部分　第 251 - 300 句

请对照相应视频学习

251. go cold turkey—stop abruptly. 毫无计划地开始做某事，仓促上阵，突然完全戒掉（旧习惯或行为方式）

注解：go 作为动词除了有“走，去”的意思之外，还有“进行”的意思。如 as the time goes by（随着时间的流逝），这里的 go 就是“进行”的意思。turkey 是“火鸡”，cold turkey 就是“冷火鸡”。英语中有好多跟食物有关的短语，但它们表达的实际意思却往往与食物无关，比如，go bananas 是“发怒、发疯”的意思，跟香蕉没什么关系。这里的 cold turkey 其实也并不是“冷火鸡”的意思，cold turkey 既可以作为名词“绝对失败者”，也可以作为副词表示“直截了当地，断然地”。在这个表达中，cold turkey 显然是作为副词。字面理解“断然地进行”，也就是“毫无计划地开始做某事”的意思。

例句：My doctor really wants me to quit smoking. I decided to stop and go cold turkey.
我的医生真的想让我戒烟。所以我决定直截了当地戒掉算了。

252. go Dutch—each person pays for himself. 进行 AA 制，各自付账

注解：16 ~ 17 世纪时的荷兰和威尼斯，是海上商品贸易和早期资源共享主义的发迹之地。终日奔波的意大利、荷兰商人们已衍生出聚时交流信息、散时各付资费的习俗来。因为商人的流动性很强，一个人请别人的客，被请的人说不定这辈子再也碰不到了，为了大家不吃亏，彼此分摊便是最好的选择了。而荷兰人因其精明、凡事都要分清楚，逐渐形成了 let's go Dutch（让我们做荷兰人）的俗语。而幽默的美国人将这句话引申成为“AA 制”（Acting Appointment）。

例句：If we have dinner together, I insist that we go Dutch.

如果我们一起吃晚饭，我坚持我们 AA 制。

253. go from bad to worse—deteriorate. 恶化

注解：bad 是形容词“坏的”，worse 是 bad 的比较级“更坏的”。从“坏的”变成了“更坏的”，就是“恶化”了。

例句：Sales have been very slow this season, this was the worst week of all. It seems like it's going from bad to worse.

销售额在这个季节进行地非常缓慢，这是最差劲的一周。但这不是最糟糕的，最糟糕的是它似乎还会继续恶化下去。

254. go out of one's way—make a special effort, do more than necessary. 格外努力地，特地，不辞劳苦地

注解：字面理解是“走出自己的一条路”，想走出自己的路，一定需要付出更多的努力。

例句：I went out of my way to make it easier for you.

我特地把它变得对你来说更简单一些。

255. go over—examine. 仔细检查，复习

注解：go over 其实有很多种意思，包括“留下印象；搁置起来；翻”。如：These actors went over very well with the audience.（这些演员深受观众们的欢迎）；This matter will go over until the next session.（这件事将留待下次会议讨论）；The car went over into a ditch.（汽车翻到水沟里去了）。go over 还是一个固定搭配，意为“检查；复习”。

例句：Before I submit the report，I want to go over it one more time for mistakes.

在我上交报告之前，我想再检查一遍看看有没有错误。

256. go over big—be very successful.（演出，作品，想法）大获成功，大受欢迎；（演员）走红

注解：go over 本身就具有“留下印象”的意思。go over big 字面理解是“留下一个大印象”。如果是演出“留下了一个大印象”表示的就是“取得成功”，如果是作品“留下了一个大印象”就是“受欢迎”，如果是演员“留下”就是“迅速走红”。

例句：Do you think my idea to have a birthday party for our teacher will go over big?

你觉得我为我们的老师办一个生日聚会的想法会取得成功吗?

257. go overboard—overact，be reckless.（做事情）过火

注解：overboard adv. 自船上落下；向船外，adj. 极其热心的。字面理解“过于热情地做事情”就是“做事情过了火”。

例句：I've never seen so many flowers at a wedding. Do you think maybe you've gone overboard?

我从未在婚礼上见过这么多的花。你不觉得有些过了吗?

258. go steady—go out with only one person romantically. 成为关系相当确定的情侣，仅和同一个异性约会

注解：steady 既是形容词“稳定的”，也可作为副词表示“稳定地，稳固地”。字面理解“稳定地进行”，表示的是与某人很稳定地谈恋爱。

例句：Who did you go steady with in high school?

你在高中的时候经常跟谁出去约会?

259. go to bat for—assist，help. 支持；帮助；为……辩护

注解：bat是“棒球棒”。打棒球时击球手踏上本垒准备击球，我们就说他“goes to bat”，而当一名击球手受伤或者表现欠佳时，另一名球员就得上阵替换他，这就是“goes to bat for him”。这个习惯用语运用到棒球场外日常生活中去的时候意思是为某人出力，帮他承担责任。

例句：I have overheard that she may be fired from her job. I think she is a hard worker and I want her to stay. I'm going to bat for her.
我听说她也许被炒鱿鱼了。我觉得她工作很努力，我想让她留下来，我要帮帮她。

260. go to pot—deteriorate，become undisciplined，unkempt. 衰落，萧条

注解：pot是煮东西用的“锅”。这个习惯用语来自牧场。牧场上的牲口随着年龄的增长而每况愈下，最后在老得不中用的时候就难逃被屠宰的命运，然后人们会把它们切成小块扔进锅里煮了吃。

例句：He has quit his job，gained weight，and I think may be abusing drugs. It looks like he's really gone to pot.
他辞掉了工作，体重也增加了，而且我觉得他也许还嗑药，看起来他真的是堕落到极点了。

261. go under the knife—have surgery. 动手术

注解：字面理解“来到了刀下”，不就是要开刀，动手术的意思了吗？

例句：I'll be going under the knife next week for some minor surgery.
下周我要动个小手术。

262. go up in smoke—disappear，fail to materialize. 消失；化为乌有；被烧光，化为灰烬

注解：字面理解是“向上进入了烟里面”。想象一下，大火中任何东西被烧过之后，都会化作一缕青烟，向上飘走。大火过后，所有的东西最后也都会化为灰烬。

例句：She was going to go on a vacation，but her mother got sick. Her plans have gone up in smoke.
她本想去度假，但是她的妈妈生病了。所以她的一切计划都化为乌有了。

263. go-getter—ambitious person. 积极能干的人；志在必得者

注解：在英文中，如果你想做什么事，或是想要得到什么东西，别人会对你说：go get it！（大胆去做吧！）go-getter 表示的是为了目标努力奋斗的人。

例句：She is the most successful salesperson I've ever seen. She's a real go-getter.
她是我见过的最成功的推销员。她真是一个能干的人。

264. goldmine—worth a lot of money，successful. 成功；金矿

注解：gold 是“金子”，mine 是“矿”。goldmine 就是“金矿”。sit on a goldmine 字面理解是“坐在金矿上”，如果有一天你的事业让你感到每天都坐在金矿上，不就代表你已经赚到了很多钱，已经很成功了吗?

例句：His business is a major success and will only get bigger every year. He is sitting on a goldmine.
他的企业很成功，而且每年都越做越大。他很成功。

265. goner—someone in a lot of trouble. 将死之人，惹上大麻烦的人

注解：gone 是 go 的过去分词，常译为“离开的，消失的”。如：He is gone.（他离开了/他消失了。）在日常生活中，如果一个人被惹怒了，他也许会说：“马上给我消失！”所以 goner（消失的人）就表示自己惹上了麻烦，要完蛋了的意思。

例句：His boss found out he has been stealing from the cash register. He's a goner.
他的老板发现了他一直从收银机里面偷钱。他完蛋了。

266. good sport—a person who loses well. 输得起的人；有运动精神的人

注解：字面理解是“好的运动”。其实 sport 这里指的是“运动精神”的意思。good sport 表示的是一种比较好的运动精神。

例句：Even though I beat you in the game，you still congratulated me. You are a good sport.

尽管我在比赛中打败了你，但是你仍然祝贺了我。你真是个有运动精神的人。

267. goof off—not want to work，be lazy. 混日子；游手好闲

注解：goof 作为名词是“傻瓜，呆瓜”，作为动词是“打发时间”。goof off 是一组固定搭配，表示不想工作，只想混日子。类似于 fool around 也是用傻瓜来描述打发时间。

例句：I am tired of working so hard. I just want to stay home and goof off.

我很烦努力工作。我只想待在家里打发时间。

268. grab winks—take a nap. 打盹儿

注解：这个表达中的 grab 也可以换成 catch。grab/catch 表示“抓，获取”。wink 作为名词是“眨眼”。字面理解是“获取 40 次眨眼”。如果你连续眨眼睛 40 次，那眼睛一定很累，就很想打个盹儿休息一下了。这是美国人常用的一种表示“小憩”的说法。

例句：I felt so sleepy after my lunch，I decided to grab winks.

午饭过后我感觉特别困，我决定小憩一会。

269. grand – $1000，一千美元

注解：grand adj. 宏伟的；豪华的；极重要的，n. 大钢琴；一千美元。

例句：It cost me a grand to stay in the luxury hotel.

住在这个奢华的酒店花了我一千美元。

270. greasy spoon—inexpensive restaurant with mediocre food. 廉价的小饭馆

注解：greasy 是油腻的意思，spoon 是指调羹，也就是汤勺。greasy 和 spoon 这两个字合在一起就是指那些有点像夫妻店那样的小饭馆。这些小饭馆一般来说菜谱上花色品种并不多，碗筷也好像不那么干净，装潢也不讲究，但是菜的味道倒不错，价钱也很公道。

例句：I hated dinner last night. It turned out being a greasy spoon.
昨晚的晚餐我很不满意，原来那只是一个廉价小餐馆。

271. gung ho—enthusiastic，eager. 狂热的，热情的；合作，同心协力

注解：这个习惯用语其实来自中文，其中的 gung 就是中文"工作"的"工"，而其中的 ho 是中文里"合作"的"合"。"工合"令人想到中文的"分工合作"这个说法。这也确实是 gung ho 这个习惯用语的原意。gung ho 最早出现在"二战"派驻亚洲地区的美国海军陆战队内。当时率领这支军队的 Carlson 中校借用了中文里的这个意思，把 gung ho 作为军内的口号，勉励部下齐心协力、团结一致、勇往直前。Carlson 当时对部下反复宣讲 gung ho 精神，以致 gung ho 在全军上下深入人心，成为军内人员生活的一部分，比方说往卡车上装货的军人会对碰巧走过的士兵这样说：Hey，how about a little gung ho on the box? 他是在招呼那人发扬热心助人的协作精神，帮一手把箱子搬上卡车去。逐渐 gung ho 这个说法被借用到军外的生活中了，表示热情、起劲、卖力，而且既可以当名词用，也可以作为形容词。

例句：He thinks his team is the best in the league. He is really gung ho this season.
他觉得他的队伍是联盟中最好的，他这个赛季真的很有激情。

272. guts—courage. 胆量，勇气

注解：gut n. 内脏；胆量。

例句：He has a lot of guts to stand up to management.
他很有胆量站出来挑战管理层。

273. guy—man. 男人，家伙

注解：guy n. 男人，家伙。

例句：That guy over there is my neighbor.
那边的那个男的是我的邻居。

274. half baked—not fully developed，not ready. 不成熟的，没想好的

注解：bake是动词“烤，烘培”。字面理解“烤到一半”，就是说半生的，没烤熟，形容某个主意没有想透，没有考虑周全。

例句：Opening up a store which sells only tape will not be successful. It is a half baked idea.
开一个只卖胶带的商店不会成功的。这是一个没考虑周全的主意。

275. hand it to someone—give credit，acknowledge. 赞扬某人；向某人致敬

注解：hand作为动词是“交给”。字面理解是“把……交给某人”。在口语中这么说的含义是我把你应有的称赞交给你，因为你说的是对的。

例句：I've got to hand it to you. Your idea to open a store in this location was great.
我得承认，你在这个位置开店的想法是非常好的。

276. hand over fist—rapidly. 快速地；（尤指钱）大量地

注解：hand over是“交出，交给”，fist是“拳头”。hand over fist这个习惯用语来自帆船航运的年代。当年的水手得学会攀援绳索去摆弄高高挂在桅杆上的船帆。他们两手交替，一手放在另一只紧抓绳索的拳头上方一把一把往上攀援，像猿猴一般迅速利落。如今人们借用它来说快速而稳当地做某件事情。

例句：He's making money hand over fist.
他快速地赚了一大笔钱。

277. hand something on a silver platter—give a person something that has not been earned. **给某人他不配拥有的某物，（讽刺的）拱手相让**

注解：silver 可作为名词表示“银，银器”，也可作为形容词表示“银色的”。platter 是名词“大盘子”。字面理解是“把……放在银盘上交给某人”。这个说法可以以肯定或者否定形式出现。肯定形式是讽刺某人不配拥有某物；否定形式是指因为某人不配拥有，所以我不会上交。

例句 1：His father is president of the university and his education was handed to him on a silver platter.
他的爸爸是那个大学的校长，他拿到学位也是理所当然的。

例句 2：The thief demanded $1000 for my stolen phone, I'm not going to hand it over on a silver platter.
小偷要挟我给他 1000 美元换回我被偷的手机，我是不会拱手相让的。

278. hand to mouth—barely able to cover basic expenses. **勉强糊口地，朝不保夕地**

注解：字面理解是“手到口”。想象一下，乞丐都是讨来了吃的之后就立即用手送到嘴里面去，因为他们很饿，有可能几天都没有吃饭了。他们每天都是吃了上顿没下顿，过着朝不保夕的生活，勉强糊口地度日。

例句：That family is struggling since the father lost his job. I hear that they're living hand to mouth.
父亲去世后那个家庭一直在挣扎，我听说他们过着朝不保夕的生活。

279. handful—a lot of trouble. **棘手的事**

注解：handful n. 少数；一把；棘手事。

例句：My three-year-old son runs around the house and often breaks things. He's a real handful.
我三岁的儿子总是在房里到处跑，打破东西。他真是个闹人精。

280. handle with kid gloves—be very careful，tactful. 小心处理；谨慎对待

注解：glove 是手套，而这儿的 kid 指羊羔，所以 kid gloves 就是羊羔皮手套。这种手套十分柔软细滑，而得戴着羊羔皮手套才能触摸摆弄的想必是那种碰不得的、务必倍加小心的物件。

例句：His wife gets upset very easily. He has to handle her with kid gloves.
他的老婆非常容易伤心。他不得不谨慎对待。

281. handy—can fix things，useful. 便利的，有用的

注解：handy adj. 便利的；手边的，就近的；容易取得的；敏捷的。如果用来形容人则表示能干，动手能力强。

例句：She's very handy around the house. If anything breaks，she can fix it easily.
有她在家里很方便。如果什么东西坏了，她能非常容易地修好。

282. hang in there—be patient，wait. 坚持下去

注解：hang 本意是“挂”，hang in there 字面理解是“挂在那儿”。引申一下，就是坚持在那里，坚持下去的意思。

例句：I know you want to quit school，but hang in there. You only have 4 more weeks before your graduation.
我知道你不想念书了，但是坚持下去吧，在你毕业之前只有 4 周多的时间了。

283. hard feelings—anger，bitterness. 反感，怨气

注解：hard 是形容词，有“努力的；硬的；辛苦的；困难的”等义。feeling 是名词“感觉”。hard feelings 字面理解是“辛苦的感觉”，表示的就是让人很不舒服，很反感的感觉。

例句：I know we had our differences，but I hope there are not any hard feelings.
我知道我们不是同类人，但是我不希望大家彼此反感。

284. hard up—in desperate need of something. 急切渴望（钱）

注解：hard 有“努力的”的含义。hard up 表示的就是“努力地想要得到”，后常与 for 连用，hard up for sth 等于 long for sth/be desperate for sth，极度渴望，通常是指钱。

例句：Everyone comes to her desk and takes supplies. I know she's hard up for pencils.
每个人都来到她的桌子前拿补给品。我知道她渴望铅笔。

285. harp on—dwell on the subject，repeat，persist. 唠叨，喋喋不休

注解：harp 是动词“不停地说”，on 表示的是“在……方面”。字面理解“在某个方面不停地说”就是“喋喋不休”了。

例句：I know losing your job was awful，but don't harp on it. You are only making yourself more depressed.
我知道你丢了工作很不开心，但是别唠叨个不停。那样你只会是自己更加消极。

286. has-been—a person once popular but no longer in public favor. 过气的人

注解：has + done 是现在完成时的结构。而现在完成时态表示的是“已经发生”的动作。在口语中，has-been 表示“过气的人”。

例句：Since the movie star was found guilty of a crime，I haven't seen him in any motion pictures. He's a has-been.
自从那个电影明星被发现犯了罪，我就再也没在任何动作电影中看见过他。他已经过气了。

287. hassle—bothering. 麻烦

注解：hassle 既是名词也是动词。作为动词是“找麻烦，搅扰；与……争辩；使……烦恼”，作为名词是“困难，麻烦”。

例句：Please stay home tonight. I don't want the hassle of having to bring you and pick you up from the party.

拜托你今晚待在家里吧，我可不想麻烦地去那个 party 接你回家。

288. have a ball—have a good time, enjoy one's self. 玩得开心

注解：ball 在这个表达中并不是"球"的意思，而是有丰盛饮食的"大型舞会"的意思。你有机会参加舞会，就意味着你可以尽情地吃喝玩乐一下了。

例句：She had a ball at her holiday party.

她在她的假期聚会上玩得很开心。

289. have a crush on—be attracted to. 喜欢上，迷恋上，爱上

注解：crush 作为名词是"迷恋"。have a crush on 字面理解是"迷恋上……"。

例句：I have had a crush on her since 5th grade.

我五年级的时候就喜欢上她了。

290. have a fit—become upset. 大发脾气；大吃一惊

注解：fit 动词是"试穿"，名词是"合身"。但 have a fit 并不是动词短语"试穿"的意思，而是"大发脾气"的意思。因为 fit 作为名词还有"（癫痫病等）发作"的意思。想象一下，一些病症发作的时候，病人总会莫名其妙地大发脾气。

例句：She'll have a fit if she finds out you broke her watch.

如果她发现你弄坏了她的表，她会大发脾气的。

291. have a good head on one's shoulders—be smart or sensible. 聪明；有见识；长了个聪明的脑袋

注解：字面理解"某人的肩膀上有一个好脑袋"就是"很聪明"的意思。

例句：You have a good head on your shoulders and I'm sure you'll do fine in college.

你很聪明而且我很确定你在大学会做得很好。

292. have a mind of one's own—be able to think independently. 自有主见

注解：字面理解“某人有自己的思想”就是“有自己的主意”的意思。

例句：Although we all voted one way，she voted in a completely opposite direction. She's really got a mind of her own.
尽管我们全部都投了这边，但是她却投了完全相反的方向。她真的很有主见。

293. have a prayer—have a chance. 有希望，有盼头

注解：prayer 是名词“祈祷”。字面理解是“有一个祈祷”。人们祈祷的时候肯定是“希望某事能够发生”或是“期盼心想事成”。

例句：He's not good enough to make it on the team. He doesn't have a prayer.
他不够优秀所以不能加入球队。他没有希望加入。

294. have been around—to be experienced，sophisticated. 阅历丰富，经历

注解：have been 本身就有“经历”的含义。在口语中，如果别人说的话你感同身受，并且想告诉他自己曾经也经历过，你就可以说：I have been there（我曾经也经历过）. 表示的是很理解对方的感受。around 是副词“在周围，在附近”。have been around 字面理解“在周围经历”表示的就是某人在经历了一些事情后变得经验丰富。

例句：She knows all about office politics. She has been around for a while.
她知道所有的职场政治。她经历过一段时间。

295. have egg on one's face—be embarrassed. 丢脸，羞愧尴尬不已

注解：字面理解“某人脸上有鸡蛋”，如果一个人的脸上全都是鸡蛋清和鸡蛋黄出现在人群中，那确实挺尴尬的。

例句：She called in sick to work yesterday，but when I saw her at the store she had egg on her face.
她昨天请病假了，但是当我在商店看到她的时候她羞愧尴尬不已。

296. have it coming—deserve a punishment. 罪有应得

注解：have sth doing 是很常见的用法，有“听任……到来”的含义。have it coming 字面理解是“听任……的到来”，就是该来的总会来。该表达一般用于有坏事发生了，自嘲的一种说法。

例句：I didn't study for the exam and I failed. I had it coming.

我没有好好准备考试所以我挂科了，这是我应得的。

297. have it made—be sure of success，have everything. 有成功的把握；具备一切条件；很容易办到

注解：made 是 make 的过去式和过去分词形式，表示“做完，完成”。have it + done 表示“使某事被完成”。比如，剪头发不是 cut hair 而是 have hair cut（使头发被剪）。字面理解“所有的事都被完成”说明具备了一切条件，当然就很容易办成事情，很有成功的把握了。

例句：Ever since she won the lottery，she can do whatever she wants. She has it made.

自从她中了彩票，她可以做她任何想做的事情。她很容易办到。

298. have it out with someone—discuss a conflict or misunderstanding with the other person involved. 和某人聊天（解决冲突或误会）

注解：字面理解是“叫某人和自己出去”。在日常口语中，人们经常会说：“某某，你出来一下。我们聊聊。”这样的表达实际上背后的意思就是有些问题要通过聊天解决。

例句：My friend and I had a big fight last week. This morning I had it out with him and now everything is okay.

我和我的朋友在上周大吵了一架，不过今天早上我跟他聊了聊现在一切都好了。

299. have one's feet on the ground—be practical, sensible, stable. 脚踏实地，实实在在，踏踏实实

注解：字面理解是“让脚在地面上”。脚踩到了地上就很踏实。

例句：She'll make a great wife and mother because she has got both feet on the ground.

她将会成为一个非常出色的妻子和母亲，因为她很踏实。

300. have one's hand in the till—steal from one's employer. 挪用公款

注解：till 作为名词是“放钱的抽屉”。字面理解“把手伸进放钱的抽屉里”，表示的就是偷钱的意思。如果你偷公司的钱，那就叫作挪用公款了。

例句：The reason he has been buying such nice new clothes is that he's got his hand in the till.

他能够买那么漂亮的衣服的原因其实是他挪用了公款。

第七部分　第301－350句

请对照相应视频学习

301. have one's head in the clouds—have unrealistic dreams, lost in thought. **想入非非，心不在焉**

注解：字面意思是“把脑袋伸到云彩里”，喻指“热衷于幻想而脱离实际”，有时也指“心不在焉”。

例句：Even though she is a terrible actress, she thinks someday she will be a movie star. She has got her head in the clouds.
尽管她是一个糟糕的女演员，但是她想着有一天她会成为一个电影明星。她太想入非非了。

302. have one's heart set on—desire greatly. **渴望，倾心于**

注解：set on 是“开始”。字面理解“使某人内心开始”，就是一门心思要开始做某事了。

例句：The boy had his heart set on getting a puppy.
那个男孩渴望有一个宠物。

303. have someone's number—know what kind of person someone is. **知道某人的底细，看穿某人**

注解：number 是名词“数，数量”。字面理解“对某人心中有数”就是看穿某人的意思。

例句：He doesn't think anyone knows, but I know he stole the material for the book. I've got his number.
他以为任何人都不知道，但是我知道他剽窃了书中的材料。我知道他的底细。

304. have something up one's sleeve—kept secretly ready for the right time. 暗中有应急的计划；另有妙计

例句：If the electricity goes out during the birthday party, don't worry. I've got something up my sleeve.
如果在生日派对的过程中突然断电，不用担心。我另有计划。

305. have the heart to—be thoughtless enough. 有心做……有勇气做……

注解：字面理解是“有心去做……”。

例句：I know there was just a death in her family. I don't have the heart to ask her when she is coming back to work.
我知道她的亲人刚刚去世。我没有勇气问她什么时候回来工作。

306. have two strikes against someone—be in a difficult situation with little chance of success. 某人处于不利处境（很难成功）

注解：strike 是名词“打击，罢工”，也是动词“打，击”。字面理解“给某人两次打击”，源于棒球，如果击球手没有打到球就算是一个 strike，连续三个 strike 击球手就会出局，用于比喻某人成功的概率渺茫。

例句：He wanted the job but he can't write and he has difficulty speaking on the phone. He's got two strikes against him already.
他想要这份工作，但是他不怎么会写作也有电话交流障碍。他处于不利境地。

307. haywire—broken, confused, awry. 出了故障，陷于混乱

注解：haywire adj. 乱糟糟的，乱七八糟的；疯狂的。haywire是由hay和wire两个词组成的，指在美国农村用于捆绑干草成卷用的铁丝。这些铁丝因为很细，自带卷而且一次购买的批量大，很容易搞乱成一大坨乱七八糟的铁丝。

例句：The plan was in place to surprise my boss on his birthday, but it all went haywire.
本来在老板生日聚会上给我的老板惊喜的计划已经就位，但是一切都乱了。

308. heart-to-heart—intimate, honest. 坦诚的，交心的

注解：字面理解“心贴心地”，人与人如果能心贴心地交流，就是很坦诚地交流的意思了。

例句：I needed to speak him about a problem I was having. We had a heart-to-heart talk.
我需要跟他说一下我现在面临的一个问题。我们进行了一次坦诚的交谈。

309. high and dry—alone, without help, stranded. 孤立无援；搁浅

注解：这个表达的来源与船有关，有时候船会因为海面的波动而被搁浅在海岸上。船在涨潮时被推到了岸边，不一会儿，海平面开始波动，潮水退去的时候船就被搁浅了。这个时候，船就被潮水遗弃，就会被“高高地并且干燥地”留在岸边。

例句：After everyone left the party, I was all alone to clean up. I was left high and dry.
在所有人离开了派对之后，我要一个人清理。我有些孤立无援。

310. high and low—every place. 到处

注解：字面理解是“高低”。高低上下，包含了整个三维空间。

例句：I can't seem to find my keys. I've looked high and low.
我好像找不到我的钥匙了。我到处都找过了。

311. high-brow—intellectual，cultured person. 文化修养高的（人）

注解：high-brow 是一个复合词，字面理解是“高眉毛”。其实表示的就是“高看某人一眼”。老外常用高、中、低眉毛来形容一个人的文化修养。high-brow 高眉毛的就是文化修养高的人，middle-brow 中眉毛的就是大众水平的人，文化一般的人，low-brow 低眉毛的就是文化较低的人。

例句：Everyone seemed very high-brow at the cocktail reception.
在鸡尾酒招待会上的每一个人看起来都是文化修养高的人。

312. hit—a success. （演出等）成功

注解：hit 除了有动词“击打”的意思之外，还有名词“成功；讽刺”之意。

例句：Her book was a hit and sold a million copies.
她的书很成功，卖了一百万册。

313. hit below the belt—hurt someone cruelly and unfairly. 暗箭伤人，暗箭中伤；犯规；用不正当手段打人

注解：hit 是“打”，below 是“在……下方”，belt 是“腰带”。字面理解为“打在了某人的腰带下方”。如果你袭击了某人的下部，无论是在比赛中还是生活中，这都是不正当的行为。

例句：I have been upset ever since she made that awful comment to me. It really hit below the belt.
自从她恶意地评论我之后我一直很伤心，那是暗箭伤人。

314. hit it off—enjoy one another's company，get along. 合得来；一拍即合

注解：用来说人与人之间性情相投，而且可以用来描述任何种类的人际关系，包括一般友情和婚恋关系。

例句：Although we just met, we really hit it off and will probably see each other again.

虽然我们刚刚见面，但是我们一拍即合而且很快会再次见面。

315. hit the bottle—drink alcohol. 喝酒；酗酒，喝醉

注解：字面理解为“打瓶子”。在英语口语中，hit 是个比较有意思的单词，形成的表达也比较有趣。打什么就是做什么事情。比如：hit the bed“打床”就是睡觉；hit the books“打书”就是复习功课或看书；hit the road“打路”就是出发、上路、离开。那 hit the bottle“打瓶子”就是喝酒、酗酒的意思。

例句：He hits the bottle every time he has some family trouble.

他每次在家庭有纠纷的时候就酗酒。

316. hit the ceiling—get angry. 非常生气，勃然大怒

注解：ceiling 是“天花板”。字面理解为“打到了天花板”，形容一个人生气得暴跳如雷，甚至都撞到了屋顶。可见不是一般的生气了。

例句：I hit the ceiling when I found out that she broke my computer.

当我发现她把我的电脑弄坏了，我非常生气。

317. hit the nail on the head—arrive at the correct answer, make a precise analysis. 说得中肯；一针见血；解释正确；一语中的

注解：nail 是“钉子”，head 在这个表达中并不是“头”，而是“钉子头部”。这个表达起源于罗马的成语，形容我们敲钉子的时候得正敲在钉子头部才能钉准。所以当有人说话一针见血时，我们就会说他像敲钉子一样准。

例句：When you named the person who was responsible for our losses this quarter, you really hit the nail on the head.

当你说出了谁应该在本季度为我们的损失负责，你真的是一针见血。

318. hit the sack—go to bed. 睡觉

注解：sack 是“麻袋，袋子”的意思，在美国口语中，它有“床”或“睡袋”的意思。在英语口语中，打什么就是做什么事情。“打床、打睡袋”就是睡觉的意思了。这个表达等于 hit the hay，hit the bed。hay 是“干草”的意思。古人在以前的时候就是睡在干草上的。“打干草”和“打床”都是睡觉的意思。

例句：I was so tired last night，that I hit the sack as soon as I got home.

我昨晚太累了，所以我一到家就睡觉了。

319. hit the spot—refresh or satisfy. 使人满足；正合需要；恰到好处

注解：spot 是“斑点”。这个表达的原意是“射中靶心”。射中靶心的人对自己的技术非常满意。现在这个表达通常指事物和饮品尤其令人满意。

例句：We sat in the sun and hadn't had a drink all day. That cold glass of water really hit the spot.

我们一整天都顶着太阳，一点水都没喝。那一大杯冰水真是恰到好处。

320. hogwash—nonsense. 泔水，猪食；废话；胡说八道

注解：hogwash 有两个意思。一是“猪食，泔水”，另一个是“废话，没用的话，胡说八道”的意思。水若是变成了泔水，就变成了废水，没什么用处了。

例句：The idea that aliens landed in New York City is a bunch of hogwash.

外星人落在纽约城的想法简直就是胡说八道。

321. hold a grudge—not forgive someone for an insult or injury. 怀恨在心

注解：hold 是“持有，拥有”。grudge n. 怨恨；恶意；妒忌。字面理解“持有怨恨”就是“怀恨在心”的意思。

例句：Even though they broke up ten years ago，she still holds a grudge and will not speak to him.
尽管他们十年前就分手了，但是她还是对他怀恨在心，不会跟他说一句话。

322. hold back—conceal，hide. 隐瞒；退缩

注解：字面理解“向后持有”，形容一个拉住某个想要上前的人，但多用于形容拉住自己或者自己的冲动或者欲望。

例句：He held back his feelings and acted as if everything was alright.
他隐藏了自己的情感，表现得好像一切都很好。

323. hold one's horses—wait. 沉住气，耐心等待

注解：hold 作为动词有“约束，控制”之意。这个习惯用语的起源可以上溯到一百五十年前马匹为主要交通运输工具的时代。hold on one's horses 原本的意思显然是在赶马的时候勒紧缰绳，使那些马停步不前。现在这个表达表示暂停暂缓，不急躁行事，以便冷静思考。这个劝告在好多不同情况下都很有用，例如人们会这样劝说一个发火的人：Hold your horses. 意思是沉住气，别冒火。

例句：I can't leave the office yet. I'm waiting for an important phone call. Just hold your horses.
我还不能下班（离开办公室）。我还要等一个很重要的电话。耐心等一下吧。

324. hold up—delay，postpone. 耽搁

注解：hold 作为动词有“约束，控制”之意。控制一件事情或是被某件事控制约束，相应地肯定会耽误时间。

例句：Sorry I'm late. I was held up in traffic.
对不起我迟到了。交通太堵了。

325. holy mackerel—used to express strong feeling of surprise. 天哪，好家伙

注解：mackerel n. 鲭（产于北大西洋）；马鲛鱼。这个习语常用于惊奇、疑惑或困惑时，所发出的感叹语。相当于 holy cats/holy shit。由于 holy shit 比较粗俗，所以在正式场合尽量不要使用。

例句：Holy Mackerel! Look at that man's motorcycle.

好家伙！看看那个人的摩托。

326. hook，line and sinker—without question or doubt. 完全地，彻底地

注解：hook 是“钩子”，line 是“线”，sinker 是“铅锤”，是指钓鱼的时候用的鱼钩、鱼线和配重，形容一条鱼饿得不仅咬了鱼钩，连鱼线和配重也全都吞下去了。

例句：I told a lie to my teacher. He bought it hook，line and sinker.

我向我的老师撒了谎。他完全信了。

327. hot—stolen. 被偷的；火爆的，流行的；性感的

注解 1：在习语中，hot 可单独出现表示“被偷的”。

例句 1：He bought a great television from a guy on the street for $50. 00. The television must have been hot.

他花了 50 美元从一个人手里买了一个大电视。那个电视一定是偷来的。

注解 2：在习语中，hot 可以单独出现表示“火爆的，风行的，抢手的”，类似于中国的什么什么东西很火。

例句 2：This was the hottest movie out this weekend.

这是这个周末最火的电影。

注解 3：用来描述人的时候理解为这个人是性感的。

例句 3：He is the hottest man I've ever seen.
他是我见过最性感的男人。

328. hot air—nonsense or exaggerated talk. 吹牛，大话

注解：字面理解是“热气”。也许大家不太清楚“热气”表达的是什么意思，但是大家一定知道“热气球”是什么。在中国我们说“吹牛”，比喻一个人说大话把牛都吹到天上去了。在国外，如果你要是说大话，就像热气球一样飘到天上。

例句：I don't believe a word that man says. He is full of hot air.
那个男人的话我一点都不信。他满嘴跑火车。

329. hound—continually bother. 不断地打扰

注解：hound v. 追猎；烦扰。

例句：She hounded me until I finally agreed to say yes.
直到我说好她才停止烦我。

330. hush-hush—secret. 秘密的；秘密

注解：汉语中，如果我们想让别人小点声，或者是两个人说点小秘密，我们会说“嘘……”。hush 就相当于汉语中的“嘘……”。hush-hush 既是形容词也是名词。

例句：The birthday party is a surprise. Please don't tell anyone, it's hush-hush.
这个生日会是个惊喜。请不要告诉任何人，它是绝密的。

331. hustler—person who gets money aggressively or unethically. 骗子，诈骗者

注解：hustle 是“催促，猛推”，也有“骗取财富”的意思。hustle + er 变成了与这个动作有关的人，骗取他人财富的人就是“骗子”。

例句：He won't work. If he needs money，he'll hustle someone.
他不工作。如果他需要钱，他就会骗他人的钱。

332. hyper—very energetic，anxious，unable to sit still. 极度亢奋的

注解：hyper 的原型是 hype，hype 是名词“大肆宣传”，也是动词“使……兴奋”。hyper 就是形容词“极度亢奋的”。

例句：It is impossible to bring that child to a restaurant. He is too hyper.
带那个孩子去饭店不可能。他太亢奋（闹）了。

333. ill at ease—feel out of place. 感到拘束，局促不安，不自在

注解：at ease 是固定搭配表示“安逸，自由自在；舒适”，ill 是“生病的”。在很舒适的情况下却生病了，那一定很不自在。

例句：I am shy. So when I go to a cocktail party I am ill at ease.
我是个害羞的人。所以当我去参见鸡尾酒会的时候，我感到很不自在。

334. in a bind—In trouble no matter what you do. 左右为难，处于困境，处于进退两难的境地

注解：bind 有很多意思。作为动词就有“绑；约束；装订；包扎；凝固”等义。作为名词有“困境”的意思。字面理解“在一个困境里面”也就是“处于困境”的意思，其实表示的是一种状态。

例句：She committed to help two different people at the same time. She is in a bind.
她在同一时间承诺了帮助两个不同的人，她左右为难了。

335. in a jam—in trouble. 处于困境

注解：jam 原意为果酱，可以引申为“拥挤，阻塞，困境”等意思，也可

以作动词表示不畅通之意，如：traffic jam（交通阻塞）。字面理解“在拥堵之中”引申为“陷入困难的处境”。

例句：He is in a jam and needs some help to get out of it.

他碰到了一个难题需要帮助摆脱困境。

336. in a nutshell—briefly. 简约地，简单地；总而言之

注解：nutshell 作为名词是“坚果壳”，作为动词是“概括”。字面理解为“在坚果壳里面”，引申为“简单地概括”。

例句：She spoke to us for at least an hour and told us a long story. I would have preferred that we heard it in a nutshell.

她给我们讲了一个长故事，花了至少一个小时的时间。我更倾向于她可以简短地讲完。

337. in a pinch—okay，when nothing else is available. 必要时，紧要关头

注解：pinch 作为名词是“匮乏，少量”。in a pinch 表示的是“处于匮乏的一种状态”。当任何东西都很匮乏、都不可用的时候，就要非常时期使用非常手段了。

例句：If you don't have a needle to sew something together，a safety pin will work in a pinch.

如果你没有针可以缝一些东西，必要时安全的别针也是一种选择。

338. in a rush—in a hurry. 匆忙地

注解：rush 本身作为名词就有“匆促”的意思。in a rush 表示一种匆忙的状态，与 in a hurry 同义，表示“匆匆忙忙地”。

例句：I can't find my wallet and keys and I'm late for a meeting. I'm in a rush.

我找不到我的钱包和钥匙了，而且开会我要迟到了。我忙得不可开交。

339. in a rut—always doing the same thing. 千篇一律，一成不变

注解：rut 作为名词是指过往车辆压出来的车辙，深陷进地里的轨迹。如果有人陷进去，那就只能不断地重复过去人的做法，没有创新。

例句：My job is very boring and uninteresting. I'm depressed and think I am in a rut.

我的工作特别无聊无趣。我很失落，觉得每天都在原地踏步。

340. in advance—ahead of time. 预先，提前

注解：advance adj. 预先的；先行的。in advance 是一个固定搭配，表示“预先，提前”。

例句：Let's call the movie theatre in advance and see if they have any tickets left.

让我们提前给电影院打个电话看看是否他们还有余票。

341. in black and white—in writing. 白纸黑字的（地），书面的（地）

注解：大多数情况下我们把黑与白看作是对立面，认为白色象征着光明和纯洁，而黑色则代表黑暗与邪恶。但是其实这两个词还有其他的用法。在早期的美国西部片中，白帽子和黑帽子分别代表着“好人”和“坏人”。因为早期电影都是无声的，所以只好用帽子的颜色来区分人物的好坏。虽然电影早已告别黑白时代，但是现在我们还是可以听到有关 black 和 white 的习语。“black sheep”是败家子或害群之马的意思，不过黑色也有一些褒义的用法。例如“in the black”就是指“公司盈利”的意思。因为一般情况下公司的账簿上是用墨水的颜色来区分盈利和亏损的。亏损账是用红色墨水书写的，也就是我们平时说的“赤字”（in the red），而赚钱的商店就是“a store in the black”。虽然白色的用法一般都是褒义的，比如“white—collar job”，就是人们所说的白领工作，但是也有例外。“whitewash”就是一个例子。这个词的本意是“用白色油漆刷在东西上面，使之更加美观”。不过现在这个词的含义发生了变化，意思是“掩盖或者粉饰错误和失败”。此外，还有些用法是把 white 和 black 放在一起的，比如 in black and white，表示“白纸黑

字的（地），书面的（地）”。

例句：The salesman said that he would give me a 5 – year warranty on my purchase. I told him to put it in black and white.

销售人员说他可以给我5年的保修保证。我让他白纸黑字地落实到纸面上。

342. in hot water—in trouble. 有麻烦；陷于困境

注解：字面理解“在热水中”，都在热水中了，还不“有麻烦”吗？

例句：I am going to be in hot water when she finds out that I dented her car.

当她发现我刮了她的车我就有麻烦了。

343. in nothing flat—quickly，in a short time. 立刻，在极短的时间内

注解：in nothing flat = in no time flat，in no time 是“立刻”。flat 有很多意思，在这里代表“完全”的意思，就是说完全没用任何时间，完全什么都没有（包括时间）消耗。

例句：When he heard that I was taking him out to dinner，he got dressed in nothing flat.

当他听到我要带他去吃晚餐，他迅速穿好了衣服。

344. in seventh heaven—very happy. 非常高兴，处于极其快乐之中

注解：heaven 是“天堂”，seventh heaven 当然是“第七层天堂”了。这个习惯用语用了有两百来年了。它的出典可能是犹太人或者穆斯林的古老信仰，说是天堂分为七层，而至高无上、尽善尽美的就是那第七层，惟有上帝和身居高位的天使才能住在七重天上美伦美奂的天宫里。如果你身处最高层的天堂，也就是身处中国佛家所说的“极乐”境界了吧。

例句：I begin my month long vacation tomorrow. I'm in seventh heaven.

我明天就开始一个月的长假期了。我高兴极了。

345. in someone's shoes—in another person's place or position. 设身处地

注解：字面理解“在某人的鞋子里”。在中国我们经常听说“站在某人的位置上”，在美国，如果你想站在他人的位置上，你首先要穿上他们的鞋子。

例句：You cannot pass judgment on someone until you've stepped into their shoes.
除非你站在了他们的位置上，不然你不可以评定其他人。

346. in stitches—laughing. 忍俊不禁，大笑

注解：stitch 作为名词是“缝针”，作为动词是“缝合（伤口）”。这个习惯用语里，stitches 这个词的意思跟上面说的不一样了。它在这儿指的是肋骨两侧的刺痛感觉，仿佛是一根缝衣服的针刺到了你一样。当然这种刺痛感不是真的由缝衣针引起的，有时你笑得太厉害肋部也会有刺痛感。正像中国俗语说的，笑疼了肚子。

例句：He is the funniest person I know. He always keeps me in stitches.
他是我知道的最有趣的人。他总是让我止不住地大笑。

347. in the bag—certain，sure，definite. 十拿九稳的，稳操胜券的

注解：字面理解为“在包里面”。中国有句俗语：钱一分钟不进入你的口袋，就不是你的，表示的就是你想要的东西只有在你口袋里了，才是稳妥的。

例句：The job interview went very well and I think I will be hired. I am confident that it's in the bag.
工作面试进行得很顺利，而且我觉得他们会用我的。我很自信这件事情是十拿九稳的。

348. in the doghouse—in trouble. 有麻烦；失宠

注解：doghouse 是名词“狗窝”的意思。in the doghouse 从字面理解是“在狗窝里”。就是说，你使某人很生气，以致你不得不在屋子外面跟自己家里的狗睡在一起，也就是说，因为做错了事，受冷落，受惩罚。类似汉语中的失宠或倒霉了。

例句：My wife and I had a big fight last night. I'm in the doghouse.

我和我老婆昨晚大吵了一家，她不理我了（我受冷落了）。

349. in the long run—in the end，as a result. 从长远来看

注解：字面理解“在长跑过程中”，引申为“从长远来看”。

例句：If you study hard in school，in the long run you will be successful.

如果你在学校里努力学习，从长远来看，你会成功的。

350. in the market for—wanting or ready to buy. 想买，物色

注解：字面理解“为了……而在市场上”，就是在物色想买的物品。

例句：We are in the market for a new mattress.

我们想买一个新的床垫。

第八部分　第351－400句

请对照相应视频学习

351. in the red—losing money. 赤字，亏损，负债

注解：在商业环境中，红色代表亏损，黑色代表盈利。

例句：Our company is in the red and may be going out of business.

我们公司负债累累也许就要歇业了。

352. in the same boat—in a similar situation. 处境相同，一条绳上的蚂蚱

注解：如果两个人的处境相同，在中国有一句俗语叫作“拴在一条绳上的蚂蚱”，在英语中，却是“在同一条船上”。

例句：He can't pay his bills either. He is in the same boat as you.

他也付不了账。他跟你是一样的处境。

353. iron out—work out. 解决；烫平

注解：iron 既是名词“熨斗”，也是动词“熨烫”的意思。iron out 是固定搭配，有“烫平”的基本含义，如果矛盾被“烫平”，就此引申为“和解，解决”。

例句：Even though the two men do not get along, they are both willing to iron out their problems.

尽管这两个人合不来，但是他们都愿意解决他们的矛盾。

354. jack up—raise prices. 增加（价钱、工资等）

注解：jack 是名词“千斤顶”，动词“增加”的意思。jack up 有“顶起”，也有“增加”的意思。

例句：Last week the department store jacked up all their prices.

上周百货商店增加了所有商品的价格。

355. jack-of-all-trades—person who can do many kinds of work. 万事通，多面手；杂而不精的人

注解：这个表达中的 jack 是指的一个普通的人名。trade 是“贸易，交易”。字面理解“所有交易的 jack”，就是任何交易的达成都要找 jack，说明一个人具有多方面的能力。这个表达刚开始是在 16 世纪使用的，是用来赞扬某人。慢慢地从 18 世纪开始，随着 *master of none*（电视剧名：《无为大师》）的加入，这个词组的意思就慢慢不再表示夸奖了。有时也表示杂而不精的人。

例句：My friend is a jack-of-all-trades. He knows how to fix everything.

我的朋友是一个多面手。他知道如何修任何东西。

356. jalopy—old car usually in poor condition. 破旧车

注解：jalopy n. 破旧车；破旧的飞机。

例句：I finally sold my jalopy and bought a new car.

我终于卖掉了我的破旧车买了一部新车。

357. jam-packed—crowded, full. 充满的；塞紧的；拥挤不堪的

注解：packed 本身就有“拥挤的，塞满的，充满的”的意思，jam 是“果冻”。拥挤的像果冻一样就表示拥挤不堪的。

例句：My new computer can do so many different things. It's jam-packed with features.

我的新电脑可以做很多不同的事情。它有很多特点。

358. (the) jitters—anxiety, nervousness. (名) 紧张不安

注解：jitter n. 振动，剧跳；紧张不安。

例句：She knew the test was going to be very difficult and she had the jitters all day.

她知道这个考试将会非常难，她一整天都紧张不安。

359. John Hancock—signature. 亲笔签名

注解：John Hancock，约翰·汉考克，商人，政治家，美国独立战争期间杰出的爱国者，曾在第二次大陆议会上他担当起总统的作用。他还是马萨诸塞州（美国东北部的州）第一任跟第三任的地方领导人。他在《独立宣言》上潇洒的签名当时在美国家喻户晓，这种意义以至于“John Hancock”以签名的意思成为一个新的单词，沿用至今。

例句：The car salesman asked the customer to put his John Hancock on the bottom of the contract.

汽车销售人员让那个客户在合同的底部签上他的名字。

360. jump down someone's throat—criticize angrily, hastily. 突然对某人发飙

注解：jump 是“跳”，带有“极速，突然”的意思。throat 是“喉咙，嗓子”。jump down someone's throat 即表示对方突然对某人所说的话，对某人大发雷霆的意思。

例句：He's very angry today. Every time I ask him a question he jumps down my throat.

他今天特别生气。每次我一问他问题，他就大发雷霆。

361. jump the gun—start before you should. 过早行动，草率行事，操之过急

注解：gun 是“枪”。很多人都看到过在运动场上赛跑开始的时候，裁判员向空中鸣响信号枪，示意起跑线上的运动员在同一时间起步飞奔。这样做是为了让每一名运动员有公平的起点。但是你往往会见到有些运动员在枪还没响

前的那一眨眼间抢先起跑了，这就叫 jump the gun，后引申为“操之过急”等含义。

例句：You will need more facts before you go into business. Don’t jump the gun.

在你从事商业之前需要更多的实践。不要操之过急。

362. jump to conclusions—make quick but unjustified conclusions. 过早下结论

注解：conclusion 是“结论”的意思。jump 有“过急，过早”的意思。字面理解“跳到了结论上面”，也就是没有经过思考直接过早地下了结论的意思。

例句：Don’t jump to conclusions and assume that all well—dressed men are rich.

不要过早地下结论认为所有穿着考究的人都很有钱。

363. keep a stiff upper lip—have courage，be brave. 勇敢，坚定不移

注解：stiff 是“坚硬的”，upper 是“上面的”，lip 是“嘴唇”。字面理解“绷紧上唇”。其实这个习语是十分形象的表达，人在经历苦难、情感压力时常常嘴唇会发抖，特别是想哭的时候，所以，keep a stiff upper lip 就是指人要坚强，不要让嘴唇颤抖。也就是说，不管心里如何，也要在对手或世人面前保持坚强。

例句：Even though he thought he was going to be terminated from his job，he kept a stiff upper lip.

尽管他觉得他将会被炒鱿鱼了，但是他保持了坚强。

364. keep in touch—communicate，talk or write to each other. 保持联络，保持联系

注解：常与 with 连用。字面理解“保持与……接触”，就是保持联络的意思。

例句：Even though we won’t see each other for six months，let’s try to keep in touch.

尽管我们将会六个月不见面，但是让我们保持联系。

365. keep on—continue. 继续

注解：keep本身就有“保持”的意思，keep on就等于go on，表示“继续”，后常与动名词连用，表示“继续做某事”。

例句：If you are not hungry，don't keep on eating.
如果你不饿，就别继续吃了。

366. keep one's fingers crossed—wish for good luck. 祈祷好运，祷告

注解：finger是“手指”，cross是“交叉”。字面理解“使手指互相交叉”，实际上交叉的是同一只手的食指和中指，中指在背面。原本两个人的食指交叉许愿的变种，此习俗历史悠久始于基督教创教之前。

例句：His mother kept her fingers crossed so that her son would make the team.
他的母亲祈祷他的儿子能够加入球队。

367. keep one's head above water—be able to exist on one's income，pay bills. 活下去

注解：游过泳的人都知道，要能够自如地游动，首先要能够把头部抬出水面，这样便可以边游边呼吸，不用担心溺水了。在水中遇到麻烦时，人们千方百计想做到的也就是让头部露出水面。作为成语，keep one's head above water并不真用来描述溺水者在水中挣扎的情景，而是用来比喻一种困境，尤其是因欠债而造成的困境，把头保持在水面之上就等于使自己不陷入债务的泥坑中去。

例句：Even though she only made a meager salary，she was still able to buy clothes，go to restaurants，and keep her head above water.
尽管她仅仅有一点微薄的工资，但是她仍然能买衣服，去餐馆吃饭，而且能够活下去。

368. keep one's nose clean—stay out of trouble. 不惹是非，不招惹麻烦

注解：nose是“鼻子”，clean的意思是“干净”。keep one's nose clean字面理解为“保持鼻子干净”，意思是行为检点，不做违法的事。如果想要说

“别乱管闲事”也可以说“keep your nose out of it”。源于狗喜欢把鼻子到处凑，如果凑到不干净的事物一定会先弄脏鼻子，所以说保持鼻子干净，或者直接不要把鼻子凑过去。

例句：After he was released from prison he stayed out of trouble. His parents were glad that he kept his nose clean.
在他出狱之后他远离是非。他的父母非常开心他可以洁身自好，不惹事生非。

369. keep one's shirt on—be patient，wait. 沉住气；保持冷静；千万别发火

注解：shirt是“衬衫”。字面理解为“穿好某人的衬衫”。想象一下，两个人如果出现了矛盾，忍不住要打架的时候，会把上衣脱掉，拿出想好好打一架的架势，穿着衬衫当然不方便。那如果其中一个人可以“穿好他的衬衫”，也就意味着他可以保持冷静，不冲动做事。

例句：I know it's taking me a long time to finish my work，but keep your shirt on.
我知道完成我的工作要花费很长的时间，但是得沉住气。

370. keep something under your hat—keep something a secret. 保密，不要告诉任何人

注解：字面理解“把……放在帽子下面，用帽子把……遮起来”，也就是有一些东西或事情不愿被他人知道。

例句：She was given information which was meant to be private，so she kept it under her hat.
她被告知了一些本应该是很私人的信息，所以她得保密。

371. keep tabs on—watch，check. 密切监视，密切注意

注解：tab是“标签”。字面理解为“把……贴上标签”。想象一下，美国电影中FBI在分析一些重点罪犯的时候，总是会给这些人贴上重点看护的标签，意思就是要密切注意他们的动向了。

例句：My neighbor is always looking out her window and keeping tabs on me.
我的邻居总是从她的窗子向外看，密切注意着我。

372. keep up with the Joneses—try to equal your neighbor's lifestyle. （在社会地位和物质生活方面）与左邻右舍攀比

注解：Jones 是英语国家比较常见的姓，后用来指普通人。keep up with 是固定搭配"赶上，跟上，不落后"的意思。字面理解"赶上普通人"，表示的就是攀比的意思了。

例句：He works many long hours just so he can keep up with the Joneses.
他加班加点就是为了不落后身边人。

373. kick in the pants—rejection，criticism. （出乎意料的）非难；责备，批评

注解：kick 是"踢"，既是名词也是动词。pants 是"裤子"。字面理解为"踢屁股"。在口语中，美国人经常说被某人踢了屁股，表示的意思就是出乎意料地受到了责备或是承受了出乎意料的结果。

例句：Steve was always kind to someone who was poor and unfortunate. When that person made a lot of money，he ignored Steve. Steve got a kick in the pants.
Steve 总是对穷人和不幸的人很好。但是当那些人赚到了钱，就不理 Steve 了。Steve 出乎意料地受到了指责。

374. kick oneself—regret. 自责，愧疚；遗憾

注解：字面理解为"踢某人自己"。什么情况下一个人会打自己呢？当然是对自己做的一些事情比较后悔的时候。

例句：I could kick myself for not buying that stock which tripled in value.
没有买那个价格已经翻了三倍的股票我深深感到遗憾。

375. kick something around—discuss，think about. 讨论

注解：字面理解为“把……踢来踢去”。想象一下，我们在讨论事情的时候，话题总是会被丢来丢去的，就像被踢来踢去一样。

例句：We didn't know which way to direct the company，so we kicked some ideas around.

我们不知道用哪种方式领导公司，所以我们交流了一些想法。

376. kick the bucket—die. 死，去世，一命呜呼

注解：kick the bucket 的起源和自杀动作联系起来。自杀者站在水桶上，把绳索系在脖子上，然后踢开脚下的水桶，自己吊死。人们总是惧怕并忌讳谈及死亡话题，于是产生了两种避免直接使用“死亡”字眼的方法。一种是使用委婉的说法，这样的说法包括 pass away，pass on（用来指来生），depart this life，going to the great beyond。而医生可能会对死者的亲属说：We lost him. 另外一种方法是使用习语，其本意在于用幽默的方式表达死亡的概念。一边耸耸肩，一边说上一声“sth kicked the bucket”，也许就避免了双方谈及死亡时尴尬悲伤的气氛。

例句：The old man kicked the bucket when he was 110 years old.

那个老人在他 110 岁高龄的时候去世了。

377. kid—a young person. 小孩，孩子，年轻人

注解：kid n. 小孩，但是这里我想讲的是一种俚语用法。比如老人可以管 30 岁以下的年轻人叫 kid 进行教导，年轻人可以管其他年轻人叫 kid 表示不尊重，不屑。

例句：Watch out！kid，this is more complicated than you think.

小心点！年轻人，这事比你想象的要复杂很多！

378. kid around—fool，play，joke. 欺骗；取笑，戏弄

注解：kid v. 欺骗；取笑；戏弄。

例句：Don't kid around with Mary. She is in a very bad mood.

不要跟 Mary 开玩笑。她现在心情很不好。

379. kiss something goodbye—see something ruined or lost. 吻别

注解：亲吻之后说再见，不就是吻别吗？

例句：When I saw the photo album fall off of the boat and into the water，I knew it was lost forever and I just kissed it goodbye.

当我看到相册掉进了水里，我知道它永远地离开我了，而我也只好跟它吻别了。

380. knock it off—stop. 别闹了；住口，别再讲下去了

注解：knock it off 和之前的 cut it out 的意思是一样的，用法也相同。knock 是“敲，敲击”，off 有“关闭，远离，断开”等义。这个表达大家可以这样记，想象一下我们家里的闹钟，到点了就会响，很吵。要想让它停止，敲击一下停止按钮就好了。日常生活中也有类似的现象。有的时候总有人在耳边吵，如果你想叫他们停止，就可以用这个表达让他们别再讲下去了。

例句：He wouldn't stop tickling me，so I told him to knock it off.

他不停地抓我痒痒，所以我叫他别闹了。

381. knock-off—copy or imitation without permission. 山寨的，抄袭的

注解：to knock v. 敲击或者撞击的意思。可以理解为从雕塑等艺术品上敲下来的零碎部件，和原件相仿但并不具有同等的价值。

例句：I could tell that Rolex he was wearing is a knock-off.

我能看出来他戴的劳力士是山寨的。

382. knock one dead—greatly impress，surprise.（演出等）令观众为之倾倒，精彩绝伦（用来描述什么东西令人赞赏到无以复加的地步）

注解：这个表达中的 knock 是引申义，表示“震惊，惊喜到”。一个消息

或是一个行为可以把一个人惊喜到死亡，说明“使人印象极其深刻”。

例句：When the actor was preparing to go on stage, I told him to knock them dead.

当那个演员准备上台的时候，我告诉他让观众为你疯狂吧。

383. knock one for a loop—surprise. 给……极好的印象；使……大为惊讶

注解：loop 作为名词是“环，圈；翻跟头”。字面理解“把某人惊奇到翻跟头”，说明某件事使其大为惊讶。

例句：I didn't expect the movie to have that sort of ending. It knocked me for a loop.

我没有想到那部电影会是那样的结局，这让我大为惊讶。

384. knock one's head against the wall—waste time in futile effort to improve or change something. 白费精力，徒劳无功

注解：字面理解“用头撞墙”。做错了事，撞墙也没用啊。

例句：Teaching teenagers to drive responsibly is like knocking my head against a wall.

教导青少年负责任地驾驶就像是白费力气一样。

385. knock oneself out—make a great effort. 尽最大努力；把自己弄得精疲力竭

注解1：knock out 是固定搭配，有“击昏（拳击）”的意思。如果说把自己击昏了，就是使自己劳累过度晕倒了，也就是筋疲力尽了。

例句1：She worked many hours getting ready for the party and knocked herself out.

为了准备好那个 party 她做了很多工作，已经精疲力竭了。

注解2：还有一种固定说法是 knock yourself out，搭配第二人称使用。这种时候的含义是随你的便，自己享受去吧，用于回复对方想要娱乐或者做一些愚蠢高风险的事情。

例句 2：You wanna try to leave early? Knock yourself out!
你想早退？随你的便，去尝试吧。

386. knockout—a beautiful person or thing. 给人留下深刻印象的人或事；绝代佳人

注解：knockout n. 淘汰赛；击倒；给人留下深刻印象的人，就像中文说的沉鱼落雁，其实就是大雁被美貌 knockout 了。

例句：That beauty queen is a knockout.
那个选美皇后是一个绝代佳人。

387. know if one is coming or going—be able to think clearly, know what to do. 知道该做什么；觉得能够头脑清醒地思考（通常用在否定句里）

注解：字面理解“知道某人是来还是去”，表示的是某人可以清晰地思考问题。这个表达常用在否定句里（not know if one is coming or going），表示不知所措，晕头转向。

例句：There were so many students signing up at registration, I didn't know if I was coming or going.
有很多学生在报名处报名，我不知如何是好。

388. know-how—experience and knowledge. 诀窍；实际知识；专门技能

注解：know-how n. 诀窍；实际知识；专门技能。

例句：He has been building houses for many years and has a lot of know-how.
他建造房屋多年，有很多经验。

389. kosher—true, authentic. 真实的，准确的

注解：KOSHER，意思是符合犹太教规的、清洁的、可食的，泛指与犹太饮食相关的产品。KOSHER 的英文含义是清洁的、可食的，也就是洁食，而在希伯来语中字面意思是“适合的”或“可以接受的”。当这一词在用于食品方面时，就是指该食品是符合犹太饮食法规的，可以为那些信奉 KOSHER 食品的人们所接受。因此，“KOSHER”一词在犹太传统中，大多意味食品符合犹太饮食法规。而 KOSHER 又可以理解为：K—Keep 保持，O—Our 我们，S—Souls 灵魂，H—Healthy 健康，E—Eat 饮食，R—Right 得当，即“为了保持我们灵魂健康，饮食要得当”。能够得到 KOSHER 洁食认证的食品才是安全的。口语中常用 KOSHER 表示真实的、准确的。

例句：The financial statements say that your business is making a lot of money. Are the amounts all kosher?

财务报表显示你的企业赚了很多钱，这些金额都是真实的吗？

390. land on one's feet—come out of a bad situation successfully. 安然脱险；幸免于难；安全摆脱困境

注解：字面意思是“脚站在地上”。但确切含义是“在经历了一些困难后最后又回到一个稳定的状态”，也可以说是逢凶化吉了。可以理解为某人从高处落下时情况危急，但是只要脚先着地（而不是头）就可以平安脱险。

例句：She just came off of a terrible divorce. She's doing well now and it seems that she landed on her feet.

她刚经历了一次糟糕的离婚。但是她现在很好而且看起来她已经走出了低谷。

391. last straw—the last insult or injury that one can endure. 忍耐的极限

注解：其实这个表达的完整形式是“the last straw on the camel back”，字面理解为“骆驼背上的最后一根稻草”。再解释一下就是：骆驼背上已经放了很多东西了，已经到了极限了，这时候再放上去一根稻草，都可能把骆驼背压断。压垮骆驼的最后一根稻草是终于使人不堪忍受的最后一件事，也就是忍无可忍的意思。

例句：His son watched TV all day and didn't work. When he started to gamble, that was the last straw.
他的儿子整天看电视而且不工作。当他的儿子开始赌博，他忍无可忍了。

392. lay out—spend or pay. 花钱，付账

注解：lay 有很多意思，可以表示“放置”，如：Lay a sheet of newspaper on the floor. 把一张报纸放在地板上；可以表示“下蛋”，如：My canary has laid an egg. 我的金丝雀下了一个蛋，也可以表示“奠定（基础）”，如：lay a good foundation. 奠定良好基础。lay out 是固定搭配，表示花钱。

例句：Will you lay out the money for the meal and I will pay you back tomorrow?
你可以先把这顿饭钱付了然后我明天还你吗?

393. learn the ropes—acquire special knowledge of a job. 摸清门路，学习门道

注解：这个习惯用语出自水手，因为他们成天得和桅绳打交道。以前航船上的新手要成为合格的水手首先得学会怎样摆弄好几十根桅绳，把船帆升上桅杆，并固定在一定的位置上。在新手终于学会操作那一大堆桅绳后，也就是说，after he learns the ropes，那么他就是熟知桅绳操纵的老手了。随着时间的推移，learn the ropes 被应用于生活中，表示初出茅庐的小伙子取得从政的钥匙，摸熟门路，找到窍门的意思。

例句：Now that you have started your new position with the company, it will probably take you a few months to learn the ropes.
既然你在这个公司已经开始了一个新的职位，你需要几个月来摸清门路。

394. leave a bad taste in one's mouth—make a bad impression, make or feel disgusted. 留下坏印象；对某件事感觉很不好

注解：字面理解为“在某人嘴里留下了一个坏味道”。如果你吃了什么东西在你嘴里留下了一种特别糟糕的怪味，你一定再也不想吃那种东西了，而且每次想起，一定会特别反感。其实这个表达就是比喻某件事给你留下了一个坏印象，每次想起都感觉很不好。

例句：I thought the salesman was obnoxious. He left a bad taste in my mouth.
我觉得那个销售人员很讨厌。他给我留下了一个坏印象。

395. leave someone holding the bag—put someone in an awkward position, leave someone else to take the blame. 让人背黑锅

注解：字面理解为“让某人拿（拎）着袋子”。想象一下，两个人偷东西的时候，如果被发现了，其中一个想要逃跑、逃脱责任的话，就很有可能把偷来的东西甩给另一个人，让另一个人背黑锅，而自己却逃之夭夭了。

例句：The children ate all of the cookies and ran away. Peter was the only one who remained and was left holding the bag.
孩子们把所有的曲奇饼干吃光之后都跑开了，只有 Peter 一个人被剩了下来背了黑锅。

396. let it be—leave the situation alone as it is. 由它去吧；顺其自然

注解：这个表达的完整形式应该是 let it be what it is going to be，可译为“让它成为它将要成为的样子”，意思就是让某件事自由发展，顺其自然。口语中也可说：be it！

例句：Don't keep thinking about the fight，let it be！
别总想着那次吵架，让它去吧！

397. let bygones be bygones—forget differences that happened in the past. 过去的就让它过去吧，既往不咎

注解：bygones 是“过去的事”。字面理解“让过去的事成为过去的事”，也就是“过去的就让它过去吧”。

例句：Even though my friend and I had a big fight，I told him we should let bygones be bygones.

尽管我的朋友和我大吵了一架，但是我跟他说过去的事就让它过去吧。

398. let it ride—continue without changing a situation. 顺其自然

注解：ride 作为动词有"骑，骑车"的意思，但 ride 还有另外的一个含义是"漂浮"。字面理解"让它飘"，就是让某件事情顺其自然的意思。

例句：Don't say anything to him now. I don't want to hurt his feelings. Just let it ride.

现在不要跟他说任何事情。我不想伤害他。就顺其自然吧。

399. let on—reveal，inform，tell. 揭露，泄露；告诉

注解：on 有"打开，开启"的含义。字面理解为"让……开启"。要记住这个表达，可以想象一封信在未开启的时候，里面的内容是不为人所知的。当你把它打开，里面的秘密内容也就被揭露了。

例句：She never let on that she was married.

她从未泄露她已经结婚了。

400. let one's hair down—be informal，relaxed. 让某人放松下来

注解：字面理解为"让某人的头发散下来"。想象一下一个人在振奋的时候，每一根神经都是紧绷的，每一根汗毛都是竖着的，甚至每一根头发都像是立起来的。但是一旦放松下来，整个人都瘫软下来，头发也会恢复自然的一种状态。在口语中，"让某人的头发散下来"形容人在某种场合下一种不拘束、很放松的状态。

例句：After the business meeting when our supervisor left，we spoke about our personal lives and let our hair down.

在商务会议结束，我们的主管离开后，我们谈论起了私人的生活，放松自己。

第九部分　第401－450句

请对照相应视频学习

401. let someone off the hook—excuse from a penalty or promise. 放过某人一马；原谅；饶恕

注解：off在这里是“退出，离开”的意思，指的是替上钩的鱼取下鱼钩，把鱼钩从嘴里退出来。就是说虽然这一次鱼上钩了，但是饶过它一次，不再纠缠。

例句：Because this was his first criminal offence，he was let off the hook.
因为这是他第一次犯罪，所以被饶恕了。

402. let the cat out of the bag—tell a secret. 不小心泄露了秘密

注解：字面意思很直观，让猫从袋子里跑出来了。这句话的缘由是欧洲16世纪开始售卖的小猪经常是装在麻袋里的，有些奸商会用其他更便宜的动物比如小猫来代替小猪。如果不小心让猫跑了出来就等于是泄露了不想告人的秘密。

例句：His surprise birthday party was cancelled because someone let the cat out of the bag.
他的惊喜生日派对因为有人泄露了秘密被取消了。

403. let the chips fall where they may—Act regardless of consequences. 专注于目标，无视达成目标必须造成的后果

注解：这里的chips是指碎屑，更准确的说是伐木的时候下斧子产生的木屑，一个伐木工人的目的是砍树而不是去担心木屑掉在哪里。说出这句话的意思就是要让对方专注于应该做的事情，而不是担心这个行动产生的许多后果。

例句：The police were asking him about the robbery. He knew he had to tell everything he knew and let the chips fall as they may.
警察向他询问抢劫事件的详情。他知道他只能如实交代，无论会产生什么后果。

404. like a ton of bricks—strongly，forcefully. 重重地

注解：brick 是“砖”。字面理解为“像一吨砖一样”，一吨砖一定很重，引申为程度副词“重重地”。

例句：When I was told that my favorite uncle died，it hit him like a ton of bricks.
我最爱的舅舅去世的消息重重地打击了我。

405. live high off/on the hog—have many luxuries，be very comfortable. 有钱，不愁吃喝

注解：hog 作为名词是“野猪”，作为动词是“占用”。high on the hog 是指一头野猪身上最好吃的部位。能吃到野猪身上最好吃的部位一定是混得不错啦。

例句：When you see their new home，you'll know that they live high off the hog.
等你看到他们的新房子，你就知道他们混得不错。

406. live it up—pursue pleasure，have a good time. 享受/消遣

注解：up 也有高大上的意思，字面理解“过得高大上”，肯定很享受了。

例句：Now that school is over，I want to live it up this weekend.
既然学校上完了，我周末要好好消遣一下。

407. live wire—active exciting person. **十分外向，有趣的人；生龙活虎的人**

注解：live wire 通常是指电源上的火线，见了 live wire（十分有趣的人）就像摸了电线一样令人兴奋。

例句：People always want her at their parties because she is a live wire.

大家都想请她去参加派对，因为她十分外向有趣。

408. loaded—having lots of money. **有钱，喝多了**

注解：load v. 装载，装货。过去式就表示已经装完了，装满了。根据情况不同可以指装满了不同的东西，比如说武器弹药、食物、钞票或者酒精。

例句 1：Ever since he started his new business, he appears to be loaded.

他自从开了公司，一直是一副大款模样。

例句 2：I can tell by the way she spoke that she was loaded.

从她说话的样子一看就是喝多了。

409. look down one's nose at—think someone is worthless or unimportant, show contempt. **看不起某人**

注解：字面理解“顺着某人的鼻子往下看”，就是看低别人，看不起别人

例句：She thinks she is better than everyone else. She always looks down her nose at others.

她总觉得自己比别人强，她总是看不起别人。

410. look into—investigate, check. **调查**

注解：字面是看进去的意思，可以想象某个事件就像一个从外面看不透的盒子，必须进去才能看明白。

例句：I'm going to look into the possibility of getting a scholarship for college.

我正在调查有没有可能拿奖学金。

411. look up—to search for an item in an index. (从某个目录/数据库里)查找

注解：look是"看"，查找东西当然要用眼睛看着才能查找得到。

例句：Looking up words in a paper dictionary helps with its memorization.
查纸制字典可以帮助单词的记忆。

412. loony bin—insane asylum. 疯人院（贬义）

注解：loony是名词"怪人，疯子"，bin是"箱子，容器"。字面理解"装疯子的容器"就是疯人院了。如果要保持中立地形容精神病院，可以说mental institution.

例句：I couldn't believe how crazy she acted last night. She belongs in the loony bin!
昨晚她简直是疯了！她必须被送去疯人院！

413. lose face—to lose reputation, to be humiliated. 丢脸

注解：lose是"丢"，face是"脸"。

例句：China have lost face by agreeing to the Treaty of Nanking.
清政府签署《南京条约》丢了中国的脸。

414. lose one's marbles—go insane, act irrationally. 疯了

注解：marbles是弹珠的意思，弹珠对小孩来说是十分重要不可丢失的玩具，丢了弹珠小孩子就要发疯了。

例句：Anyone who insults his boss has lost his marbles.
敢骂老板的人一定是疯了。

415. lose one's shirt—lose all one's money. 输光了

注解：字面理解"输了衬衫"，就是输得连衬衣都拿来抵债。

例句：He put his lifetime savings into the restaurant. When it failed, he lost his shirt.

他把全部的积蓄都投进餐馆里了。餐馆一亏本他自己也一分钱都不剩。

416. lose track of someone—lose contact, no know where someone is. **失去联系**

注解：to track someone 就是跟踪某人，寻找某人，track 有追踪的意思。如果失去追踪，就是找不到了，这里可以说是失去联系。有时候可以认为是失去踪迹，比如侦探追踪不到犯人、导弹追踪不到目标等。一个很常用的用法是：lose track of time，失去时间概念。He lost track of time and is about to be late. 他没注意时间，马上就要迟到了。

例句：I have lost track of him since high school and have no idea where he lives now.

从高中以来我就和他失去了联系。

417. louse up—ruin. **毁掉**

注解：louse 是“虱子”，床上要到处是虱子，多好的夜晚也会被毁掉的，因为它会咬得你睡不着觉。

例句：I've worked on this painting for weeks, but when my paintbrush slipped out of my hand, I loused up the painting.

我在这幅画上已经投入几个星期的时间，但是我手一滑，就毁了这么好一幅画。

418. lowdown—the true story. **内情，实情**

注解：给领导看的肯定是高大上的，不看那些就是要看实情。

例句：I heard that she was married before but didn't know why she divorced. Give me the lowdown.

我听说她结过婚，但是不知道她为什么离婚。具体怎么回事给我讲讲。

419. lower the boom—stop completely, punish strictly. **严厉惩罚**

注解：low是低的意思，后面加上er，变成lower，就是动词，是降低、放低的意思。lower the boom里的boom是一个帆船上的专业术语，指的是张帆杆，又叫下桁。降下张帆杆，就是要对某人进行严厉惩罚了。

例句：When the father heard that the children were not doing their homework, he lowered the boom.

当父亲听说孩子们没有在做他们的作业，他实施了严厉的惩罚。

420. make a bundle—make a lot of money. **挣了不少钱**

注解：bundle是一把，这里就是指一把钱，一万美元左右。

例句：She made a bundle selling donuts to the construction workers.

她靠卖甜甜圈给工地工人赚了一笔。

421. make a dent in—make progress. **开始有了一点进展**

注解：dent是一个磕出来的小缺口。字面理解“使出现一个小缺口”，指的是在某件事情上有了一个突破口，有了突破口就有了进展。

例句：I have got a lot of work to do, but I made a dent in it last night.

前面的道路还很遥远，但是我昨晚已经开始了。

422. make a federal case out of—overreact, take strong measures for a minor problem. **小题大做，大惊小怪，牛刀杀鸡**

注解：to make something out of something else，是指“把一件事当成另一件事”。federal case，美国联邦政府级别的事件。在美国每个州都有相当大的独立权利，只有非常重大的国家事件才会在联邦政府的级别商讨。如果把一件事当成联邦政府的事，就是小题大做。

例句：I'm sorry for spilling some water on your desk, but you don't have to make a federal case out of it.

在你桌上洒了水是我不对，但是你也没必要这么小题大做。

423. make a killing—gain a large amount of money at one time. **一夜暴富**

注解：这个表达来源于猎人职业，原指打到了很多猎物，打到了很多猎物，就可以卖很多钱。

例句：She made a killing in the stock market last year.
她去年炒股一夜暴富。

424. make a monkey out of someone—cause to look foolish. **戏弄某人，使某人看起来愚蠢**

注解：同样是 make something out of something else，把某人当成猴子一样戏耍。（详见 make a federal case out of 注解）。

例句：The lawyer was shrewd and made a monkey out of his opponent's client.
那个律师用敏锐的判断力戏弄了对方的客户。

425. make ends meet—balance one's budget，meet one's payments. **平衡收入支出，在经济困难的时候**

注解：end 是指某个尽头、尾巴，直译的话就是让两个尽头相遇。可以理解为让上一个月的工资和下一个月的工资相接，中间没有钱花的日子。

例句：His expenses are so high，that even though he makes a lot of money，his family has difficulty making ends meet.
他的支出太高了，虽然他收入很高，还是不能平衡收入和支出。

426. make fun of—ridicule **讥讽；嘲笑**

注解：fun 是名词“乐趣”。make fun of sb 就是“使某人产生乐趣”，就是取笑某人的意思。

例句：It's not nice to make fun of other people.
嘲笑他人是不好的。

427. make him an offer he can't refuse—a threat. 要挟

注解：著名电影《教父》中的经典台词，to make an offer 通常是一个双方可以商议的交易，但是这里加上了 one he cannot refuse 就是说对方不能否决（因为会要他命），和 offer 的通常含义其实是矛盾的。这句话体现出电影里黑帮手段强硬的同时还要有风度。现实中普通人使用当然不是说要杀了对方，但是可以是一些非恶意的手段要挟。

例句：Don't worry she'll be there at the museum，I made her an offer she can't refuse.

别担心她会在博物馆见你的，我已经跟她商量好了。

428. make it up to someone—compensate for an unfulfilled promise. 偿还人情，补偿损失

注解：make up 有很多意思，包括"化妆；编造；组成；弥补"。make it up to someone 当然是"补偿某人"的意思。

例句：I am so sorry that we have to cancel our plans tonight，but I will try to make it up to you.

很抱歉您的航班被取消，我会尽量补偿您的损失。

429. make of something—interpret，figure out，think of. 理解；看待；看法

注解：make 有"使，使得；制造"等含义。字面理解为"使某件事（变成……）"。让某件事变成什么样，当然要根据人们对事物的理解和看法。

例句：What do you make of his decision to drop out of college?

你怎么看待他放弃大学的决定？

430. make one's hair stand on end—frighten，horrify. 毛骨悚然的

注解：这里的 end 同样是尽头，毛发生长出来的那个尽头，然后从那个地方站起来。其实就是起鸡皮疙瘩、毛发倒立的意思。

例句：The extreme poverty in that country would make your hair stand on end.
那个国家贫穷的程度会让你起鸡皮疙瘩。

431. make one's mouth water—look or smell very good，make one want to eat or drink something one sees or smells。令人垂涎三尺的

注解：这个表达中的 water 是动词“流口水”。字面理解“使得某人嘴巴流口水”就是“垂涎三尺”了。

例句：The smell of garlic outside the restaurant made my mouth water.
餐馆外的蒜香令人垂涎三尺。

432. make one's own way—rely on one's own abilities. 全靠自己（打拼奋斗）

注解：字面理解“制造出自己的一条路”，喻指靠自己打拼奋斗。

例句：She had no help from anyone. She had to make her own way.
她没有任何外来帮助，全是靠她自己。

433. make sense—be comprehensible. 可以被理解的

注解：这个词组十分常用，通常用来表达“我懂了”“我理解”“我知道了”等含义。sense 有“常识，常理，逻辑”的意思，to make sense 可以理解为符合常理，符合逻辑，既然你能看出来符合逻辑就表示你已经明白了，理解了。

例句 1：It makes sense for her to leave him，he has been such a jerk.
她离开他是合理的，他这个人太差劲了。

例句 2：What you have just said makes a lot of sense.
你刚刚说的太有道理了。

例句 3：I could not make sense of calculus.
我理解不了微积分。

434. make sure—see about something yourself, check. **确定，确保**

注解：这个词组十分常用，sure 我们都知道是确定的意思，make sure 就是使某件事情成为确定的，无论是通过再次确认，还是主动进行干涉确保。

例句 1：We are leaving on our vacation, and I want to make sure that you locked all the doors.

我们就要去度假了，我想确认你的确锁门了。

例句 2：Please make sure that the customers do not get thirsty.

请确保顾客不会感到口干。

435. make the best of—accept a bad situation and do as well as possible under the circumstances. **充分利用；尽力而为；妥善处理；打好一手烂牌**

注解：字面理解“使……成为最好”。要想变得最好，当然需要尽力而为了。

例句：Even though our heating system broke, let's light a fire in the fireplace and make the best of it.

尽管我们的暖气坏了，我们还是可以凑合点壁炉来挽救局势。

436. make up one's mind—decide. **下决定**

注解：准备好某人的头脑，准备好做某件事的头脑，就是下决定。

例句：She hasn't made up her mind as to what university she will be attending.

她还没有决定好去哪一所大学。

437. make waves—upset the status quo, create a disturbance. **产生波动；产生反响**

注解：wave 是名词“波浪，巨浪”。字面理解“使产生波浪”，就是日常生活中常说的“闹出大动静，产生巨大反响”的意思。

例句：He likes to avoid controversy and usually doesn't make waves.
他喜欢避免争议，也不喜欢闹出大动静。

438. man-to-man—frank，direct.（像男人一样）直接的；坦率的

注解：如果有话不当面说，要在背后说的话就属于不男人的行为。所以如果两个人都是男人就肯定是直接当面说事。

例句：Don't discuss the problem with me. Go to your boss's office and talk about it man-to-man.
别跟我说啊，你是男人就直接去找老板说。

439. mean business—be serious. 严肃的，认真的

注解：mean 作为动词有"指的是"的意思。business 就是生意，就是涉及钱和利益的事情。有钱和利益的事情大家都会认真对待不会随意开玩笑。

例句：He told his son that he had to finish all of his homework before he went out to play and he meant business.
他告诉他儿子必须写完作业才能出去玩，他是认真的。

440. mess—disorderly，cluttered condition；bad or confused situation. 烂摊子

注解：mess n. 混乱；困境。

例句：There were clothes and food all over his apartment and it was a mess.
他的公寓里满地都是衣服和食物，就是一个烂摊子。

441. miss a trick—fail to take advantage of every situation. 放过机会（一般会否定使用，就是不错失机会）

注解：miss 作为动词有"错过；想念"两个含义。a trick 是一个技巧、表演项目、杂技等。字面理解为"错过了表演"，也就是错过了向别人展示的

机会。

例句：As soon as her boss left the building，she began to make personal calls. She doesn't miss a trick.

老板一离开她就开始通私人电话，不放过任何机会。

442. miss out on—lose an opportunity，miss a worthwhile event. 错过机会

注解：miss out 是固定搭配表示“错过；遗漏；省略”。on 是介词表示“关于……；在……方面”的意思。

例句：It is too bad you couldn't make it to the reunion because you missed out on a good time.

你没能参加同学聚会太遗憾了，你错失了一段好时光。

443. miss the boat—lose an opportunity. 没赶上机会

注解：字面理解“错过了船只”，也就是没赶上登船。喻指错过了，没赶上一个机会。

例句：It's too bad he didn't buy gold when it was cheap. Now，it is very expensive and he really missed the boat.

当金价低的时候他没入手真可惜，没赶上机会。

444. mobbed—crowded. 爆满的（因为人多）

注解：mob 作为动词有“聚众生事”的意思。mobbed 是过去分词，具有形容词的词性表示“人多的”。

例句：The shopping mall was mobbed the day before Christmas.

购物中心圣诞节前都爆满了。

445. mooch—borrow，beg，get without paying. “借”（不用还的那种）

注解：mooch 有“乞讨”的意思。乞讨来的东西当然不用还了。

例句：She says that she doesn't smoke, but she is always mooching cigarettes from her friends.

她号称不抽烟，但是她总是向朋友"借"烟抽。

446. mouthful—a true and impressive statement. 不明觉厉的言语

注解：mouthful是名词"一口，满口"，引申为某人很厉害的言辞。

例句：You said a mouthful when you admitted that she was the smartest girl in her class.

你说她是班里最聪明的女孩的言论让人不明觉厉。

447. mudslinging—making malicious remarks to damage someone's reputation. 黑，抹黑

注解：sling是指弹弓，mud sling就是弹泥巴的弹弓，往别人身上射泥巴，就是黑别人。

例句：There is a lot of mudslinging going on in politics today.

当今的政坛里都是互相抹黑。

448. mum's the word—don't talk about what was said. 不透露刚才讨论的信息

注解：mum在古英语里是安静的意思，这个说法来自于莎士比亚的话剧，示意对方不向别人提起刚才讨论的话题。

例句：I don't want you to say anything about our discussion. Mum's the word.

我不想你对别人提起我们刚才谈的事情。

449. murder—a difficult or painful ordeal. 很痛苦的经历

注解：这个表达是简单的夸张说法，比如："我妈知道了一定会杀了我。"

例句：Getting her master's degree while she worked full-time was murder.

考博士的同时还要全职工作差点要了她的命。

450. nag—a persistently urging person. 婆婆嘴（用于促使别人为自己做事）

注解：nag v. 唠叨。

例句：He complains that his wife is always nagging him to do things around the house.

他抱怨自己的妻子在家总是没完没了地指挥自己做事情。

第十部分　第451-500句

请对照相应视频学习

451. name someone after—give the child the name of an admired person. **以什么命名**

注解：name作为动词是“命名”。字面理解“在某人的名字后面命名某人”，就是以什么命名的意思。

> 例句：My son is named after my grandfather.
> 我的儿子是以我爷爷的名字命名的。

452. nest egg—extra money saved. **为某个明确的长期目标存下来的钱**

注解：nest是“巢，窝”。字面理解为“窝里的鸡蛋”。这个表达源于产鸡蛋的农户，大部分鸡蛋会直接卖掉，但是有一部分要留在窝里孵育成母鸡以后下蛋用。

> 例句：They have a small nest egg saved up for their vacation.
> 他们有一笔休假用的存款。

453. nick of time—just in time. **千钧一发之际，紧要关头**

注解：nick of time是固定搭配，表示“紧要关头”。曾有一部电影也运用了这个表达作为电影的名字，译为《千钧一发》。

例句：I arrived just in the nick of time to meet Jennifer before she left.

我刚好在 Jennifer 离开之前到了那里并且见到了她。

454. nightcap—last drink one has before leaving or prior to sleeping. 睡前最后一杯酒/娱乐演出或者项目结束前的最后一场

注解：cap n. 有封顶、顶盖、到头了的意思。这里可以理解为夜晚的尽头，最后一杯。

例句：She ordered some brandy as a nightcap.

她最后要了一杯白兰地。

455. night owl—a person who is active late at night. 夜猫子

注解：owl 是“猫头鹰”。字面理解“夜晚的猫头鹰”，比喻晚上熬夜的夜猫子。

例句：Gamers are known to also be night owls.

玩游戏的人一般也都是夜猫子。

456. nitpick—look for very minor errors or problems. 鸡蛋里挑骨头

注解：nit 是指虱子的幼虫或者卵，pick 是“挑”。挑剔别人的时候就像要挑剔虱子卵一样的仔细。

例句：Every time she reads one of his reports, she is always nitpicking on the most minor points.

每次她读报告的时候她都会去鸡蛋里挑骨头。

457. nitty-gritty—the essence or important part. 事实真相，本质

注解：nitty—gritty n. 事实真相；本质。源于带有种族歧视色彩的单词 nigger n. 黑人，黑鬼，指美国早起贩卖奴隶船只下层脏乱差放奴隶的空间。现在通常表示不愿意提起的真相。

例句：We've been discussing your problem for an hour, but we finally got down to the nitty-gritty.

我们已经讨论了一个小时了，终于有些拨开云雾见月明。

458. nitwit—idiot. 白痴，笨蛋

注解：wit 的意思是智慧，nitwit 指一个人的智慧就像虱子卵那么大。

例句：He messes up everything in our department and is such a nitwit.

他在我们部门里什么事都办不成，简直就是一个白痴。

459.（no）bed of roses—uncomfortable，unhappy situation. 不是玫瑰花床（讽刺，实际上没有爱），不称心如意

注解：字面理解是“玫瑰花床”，比喻两个人在坠入爱河，步入婚姻的殿堂后的称心如意的生活。常用于否定句中，表示婚后生活并不是那么完满。

例句：Their marriage is no bed of roses. They seem to always be fighting.

他们的婚姻并不称心如意，他们总是在吵架。

460. no dice—no，certainly not. 没门儿

注解：dice n. 骰子。在美国非法赌博被抓了以后一般需要有赌博使用的骰子作为证据。如果连骰子都找不到的话罪行一般没法成立，想诉讼犯罪嫌疑人立罪行门儿都没有。

例句：I like living in this area. When my children wanted to move, I said ‘no dice’.

我喜欢住在这一带，当我的孩子提出要搬家的时候我说：“没门儿!”

461. no picnic—not pleasant.（讽刺）并不愉快；不轻松；不好玩

注解：picnic 是“野餐”，就是出去公园玩，放松，野餐。没有野餐就是带有讽刺地说一点也不好玩。

例句：He works very hard at the factory. He says it is no picnic.
他在工厂工作很辛苦，一点也不轻松。

462. nobody's fool—smart competent person. 聪明人；有主见的人

注解：字面理解“没有人是傻子”，言外之意就是指任何人都糊弄不了的人。常整体用作名词出现，“somebody is nobody's fool”表示的就是某人是个很聪明的人。

例句：She's very smart. She's nobody's fool.
她非常聪明，她是个有主见的人。

463. not on my watch—definitely not，no way. 没门

注解：It is someone's watch，轮到某人值班了。没有人愿意值班。当别人对你提出请求的时候，如果是你不想同意或答应的事，就像是向你提出让你值班的请求一样，两个字，没门！

例句：There is not a chance you are going to that party…not on my watch.
你想去那个聚会门都没有！

464. not so hot—not very good. 不那么热，不那么红，不怎么好

注解：hot 的话就是当红，not so hot 就是不怎么红，不怎么好。

例句：She boasted about her pumpkin pie，but I thought it was not so hot.
她夸赞了半天自己的南瓜派，但是我觉得不怎么样。

465. nothing to sneeze at—something not trivial，to be taken seriously. 不能忽视

注解：sneeze 这个词的意思是“打喷嚏”，既可用作名词，也可用作不及物动词。把这个词用作不及物动词时，后面再加上介词 at，构成成语动词 sneeze at，意思是：看不上，嗤之以鼻。而 nothing to sneeze at 的意思是：绝非让人嗤之以鼻的东西，指那些虽然算不上是最好的但也相当不错的事物。

例句：They offered him a lot of money to take this new position. He was going to give it a lot of thought because it was nothing to sneeze at.

他们给他开了很高的工资，他需要一段时间考虑，因为那是一个可观的数目。

466. (to be) nuts about—in love with, enthusiastic about. (对某事物)狂热

注解：nut 有“傻瓜”的意思。be nuts about 是指某人对某件事物过于痴迷，像个傻瓜一样。

例句：I'm nuts about the new iPhone.

我对新出的 iPhone 十分狂热。

467. odds and ends—miscellaneous items. 七零八碎的小东西

注解：odd 是“奇数；古怪的；零散的”，end 是“结尾；末端；结束”。字面理解“零散的末尾，末端”，指的是“零碎的小东西”。

例句：I have some odds and ends around my house that I would like to sell.

我家里有一些想卖掉的小东西。

468. off and on—occasionally. 有时候，时不时地，时断时续地

注解：off 是“关闭”，on 是“打开”。一会儿关闭，一会打开，就是“时断时续地”，引申义为“时不时地”。

例句：We are not very good friends anymore. I see him off and on.

我们不是很好的朋友，我有时候见见他。

469. off base—inaccurate. 不准确的，偏差

注解：base 是“基地”，off 有远离的意思。字面理解“远离基地”，用来形容偏差非常大。

例句：If you think I paid one thousand dollars for this coat, you are way off base.

如果你认为这个大衣我花了1000美元的话，你太没有概念了。

470. off-color—in bad taste, rude, dirty. 色泽不佳的；下流的；不合适的

注解：字面理解为“掉了颜色”。就好像墙上有掉漆需要修补的时候新的油漆颜色不完全一样，以后大家永远会看见有一块漆颜色不同，总感觉颜色不合适。形容事件的时候，就代表比较“下流的”。

例句：He told an off-color joke at the party that embarrassed my wife.

他在聚会上讲了一个不合适的笑话，让我老婆丢脸了。

471. off one's rocker—crazy. 痴人说梦

注解：rocker是指摇椅，这个说法的情形是指一个已经老年痴呆的老头从摇椅上站起来要办事情。

例句：He is off of his rocker if he thinks I'm going to help him decorate for the party.

如果他觉得我会帮他布置聚会场地的话，他一定是疯了。

472. off his own bat—by his own efforts and decision.（某一件事情）孤立独行的

注解：形容人做的事就像一个棒球击球手打出去的球，轨迹完全取决于击球的角度和力度，不受任何其他人或者事物的影响。

例句：He decided to quit his day job and start his own business off his own bat.

他决定辞职靠自己的力量开公司。

473. off the record—privately, unofficially, not for public announcement. 私下的

注解：record是“档案，记录”的意思。字面理解“脱离了档案记录”，

就是私下里的事。

例句：I need to tell you about one of my accounts, but it needs to be off the record.

我想跟你谈谈我的一个账户，但这是我们私下的事。

474. off the top of one's head—from memory, spontaneously. 即兴地，脱口而出地；当场就能想到地

注解：字面理解“从脑瓜顶冒出来”，表示的就是“一下子想到”。

例句：Off the top of my head, I think her last name begins with an “M”.

我拍拍脑袋能想出来的只有她的姓的第一个字母是M。

475. old flame—former boyfriend or girlfriend. 前任

注解：flame通常是“火花，火苗”的意思，两个人之所以能相恋，是因为他们能擦出爱的火花，old flame就是“老火花，旧火花”，形容爱情已是过去时。口语中用来表示前任情人。

例句：She bumped into an old flame at the shopping mall.

她在购物中心碰到了前任。

476. on a shoestring—with very little money. 小本经营地

注解：shoestring是“极少的资金”，on a shoestring指“以极少的资金做……”

例句：We are trying to decorate our home on a shoestring.

我们想花最少的钱来装饰家里。

477. on easy street—having a pleasant, secure life. 简单模式（人生）；生活富裕

注解：理解为家住在简单模式街道上，想办什么事情都简单（因为有钱）。

例句：Ever since his mother won the lottery，they have been on easy street.
自从他母亲中了彩票，他们一直过着简单模式的生活。

478. on guard—careful，wary. 警戒

注解：on guard 是指在放哨的士兵，形容要像那样保持警戒。

例句：It is a very important meeting and we must think before we speak. We must be on guard.
这个会议非常重要，开口之前要三思，时刻保持警戒。

479. on one's last leg—at the end of one's strength of usefulness. 风烛残年

注解：中文是用即将烧尽的蜡烛来形容人的生命即将结束，或者是某件物品早已经过了使用年限，而英语里是用多少条腿来形容同样的事情。一张桌子少了一条腿还可以立着，少了两条可以靠着墙，少了三条可以靠墙角，少了最后一条就没救了。

例句：My car is over ten years old and it's on its last leg.
我的车已经开了 10 年了，它已是风烛残年。

480. on one's shoulders—one's responsibility. 属于某人的责任

注解：shoulder 是“肩膀”。字面理解为“在某人的肩膀上”。日常口语中，我们常说“把……扛在了肩上”，表示的就是某人承担着责任。

例句：The president has a lot of problems on his shoulders.
总统的肩上有许多重担。

481. on queer street—having a difficult life. （人生）困难模式

注解：queer 是“不舒服的”。这个表达是 on easy street 的反向说法。（详见 on easy street）。

例句：Ever since their house burned down, he has been living on queer street.
自从他们家的房子被烧毁，他们一直过着困难的生活。

482. on shaky ground—unstable. 不靠谱

注解：shaky这个单词来自shake（摇晃），是形容词“摇摇晃晃的”。什么东西要总是摇摆不定，就说明不稳定，不太靠谱。

例句：The buyers aren't sure if they really want to buy the car. I think the sale is on shaky ground.
客户不确定他们要买这辆车，这笔生意还不太靠谱。

483. on the ball—paying attention and doing things well. 机灵的；出色的；注意力集中的

注解：这个表达源自于球类体育比赛，是eyes on the ball的省略说法，眼睛都在球上，就说明注意力很集中。注意力集中地做事情，就一定会很出色。

例句：She always gets her paperwork submitted on time. She is always on the ball.
她总是按时完成任务，她总是很出色。

484. on the blink—not working. 坏了，不灵了，出了故障

注解：blink是“眨眼”。on the blink就是“在眨眼之间”。在日常生活中，我们经常听到这样的说法，什么东西刚刚还好好的，眨眼间就坏掉了。口语中用on the blink来形容一件物品出了故障。

例句：The ice is melting in our freezer. I think it is on the blink.
冰箱里的冰都要化了，这个冰箱坏了。

485. on the edge of one's seat—in nervous suspense. 激动得要坐不住了

注解：因为心情激动、极端感兴趣，不由自主地向前坐，只有坐到椅子的

前边缘（edge）。

例句：I have wanted to see this movie ever since I read the book. Now that it is about to start, I am on the edge of my seat.

自从读了那本书以后我就一直想看这部电影。现在这个电影就要开始了，我已经迫不及待了。

486. on the go—busy running around. 外出办事；四处奔走；忙个不停

注解：go 有“走；进行”的意思。on the go 就是“总在奔走的路上”，或是“事情总是在进行当中”，总之，就是会很忙。

例句：I won't be home all day. I have many errands to run and will be on the go.

我今天一整天都不在家，我得出门办点事而且会忙个不停。

487. on the house—provided free by a bar or restaurant. 免费吃喝

注解：“晚饭我请客”用英文是“the dinner is on me”，这里的 on 就是“记在我头上”的意思。那么 on the house，就是记在 house（房主人）的头上。这里 house 可以指酒吧、餐厅等。不用自己花钱就是说免费吃喝。

例句：Since I am good friends with the owner of the restaurant, dinner was on the house.

因为我和餐厅老板是哥们，晚餐免费。

488. on the level—honest. 诚实的，直白的

注解：这个表达中的 level 不是“水平，级别”的意思，而是表示“水平的，不倾斜”。双方平等，说话就可以直白和坦诚。

例句：They are not telling you the whole story. They are not on the level.

他们没有告诉你完整的信息，他们对你不直白。

489. (right) on the money—precisely on the right position. 形容非常准确

注解：这个表达来源于赌场的轮盘游戏，下注的人需要把自己的注直接放

在代表轮盘最后结果的格子里。如果最后小钢球刚好落入放有自己赌注的格子就算是赢了，好像是刚好滚到自己的钱上一样。

例句：He was right on the money with his prediction of the housing prices.
他预测的房价非常准确。

490. on the q. t. –secretly. 私密地

注解：q. t 就是 quiet 的简写。安静地做什么事情一定是不想让别人知道，也就是秘密地做什么事情。

例句：I was just told that I will be promoted to vice-president but nobody knows about it yet. Please don't tell anyone and keep it on the q. t.
我被告知我会被升为副总统，但是别人还不知道，你也不要乱说。

491. on the rocks—breaking up，ruined.（婚姻关系）冷漠，冷淡

注解：这里的 rocks 指冰块而不是石块。汉语里有句成语是“如履薄冰”，该表达主要指婚姻关系如履薄冰，冷淡，不和谐。

例句：The couple is always fighting and I wasn't surprised to hear that their marriage is on the rocks.
那一对总是在吵架，他们的关系冷漠太正常了。

492. on the same wavelength—communicating，thinking similarly. 三观相符；互相理解

注解：wavelength 是“波长”，这里指电磁波的波长。无线通信设备必须设置到相同的波长才可以进行通信，如果不同的话就完全无法通话。用来形容三观不同的两个人怎么都说不到一块或者反之三观相符说话很轻松。

例句：They didn't understand each other. They were not on the same wavelength.
他们互相说不通，三观不合。

493. on the spot—in a difficult or embarrassing situation. 处于窘境

注解：这里的 the spot 是舞台上聚光灯下的位置，聚光灯叫 spot light。就是说成为全场的关注点，一般情况下，如果一个人被突然放在了聚光灯下都会有些尴尬。

例句：I was put on the spot and expected to make a toast at the anniversary party.
我在周年庆聚会上被搞得很尴尬，他们想让我当场做法国吐司。

494. on the wagon—abstaining from liquor. 戒酒

注解：19 世纪后期，人们用马车拉水（horse—drawn water cart），但并不是用来运输居民的饮用水，而是在干燥炎热的夏季，像现在的洒水车一样，喷洒尘土飞扬的道路。这段时期正是大规模开展禁酒运动的时期，妇女还有部分男士都积极参加了禁酒运动。他们极力支持关闭啤酒厂和沙龙，希望通过这一运动唤醒他们酗酒的丈夫和父亲，根除酗酒这一不良风气。这期间，很多男人都发誓要戒酒，他们说："无论我们多么多么的希望来上一杯，我们宁愿爬上 water cart 喝口水解解谗，绝不食言"。所以，"I am on the water cart." 逐渐成为 "No，thank you；I am not drinking any more." 或 "I am trying to stop." 的意思。在美国，wagon 一词又逐渐取代了 cart。

例句：He used to drink a lot of beer and wine，but now he is on the wagon.
他以前喝很多啤酒和红酒，但是现在他戒酒了。

495. on the warpath—very angry，looking for trouble. 大发雷霆

注解：war 是"战争"，path"道路"，直译就是"在战争的道路上"。什么会导致战争呢？当然是双方都在气头上的时候。

例句：When Mary saw John with another woman，Mary went on the warpath.
当 Mary 看见 John 和别的女人在一起，她就怒不可遏了。

496. once in a blue moon—rarely. 很少见地

注解：blue moon 指的是同一个月中的第二个圆月，这种情况不是很常见

因为月球公转的周期只比一个月短一点点。平均两年半才能见到一次这种第二次满月。

例句：He doesn't watch television often. Only once in a blue moon.

他不经常看电视，只有非常少的时候会看一点。

497. one fell swoop—in a single action. 一下子，一个动作里

注解：fell 这里并不是现代词 fall 的过去式，而是古英语中表示凶残的。swoop v. 表示抓鱼的猎鹰从天上直下抓取猎物的动作。这个说法用猎鹰利索地抓鱼的这么一个场景形容某事物连贯迅速，一下子就完成了。

例句：He arrested three crime families in one fell swoop.

他一口气捣毁了三个黑帮犯罪团伙。

498. once-over—quick look or examination. 扫一眼

注解：这里的 over 指的是目光上下走一遍，once 就是说只瞟了一次。

例句：I didn't have time to read the contract, so I gave it a once-over.

我没时间读合同，所以我只是扫了一眼。

499. one for the books—very unusual, remarkable. 值得记载的事；值得大书特书的一例

注解：直译是为写书准备的事物，用来形容事物十分少见稀奇，如果写成书大家都会想看。

例句：She hates to be around children and she's an elementary school teacher. That's one for the books.

她烦死小孩了，但是她当了小学老师，真是奇葩。

500. one's cup of tea—something one enjoys, special interest. 某人的菜（心爱之物）

注解：现代汉语口语中，“某人的菜”指代的是某人心爱的人或物。英文则是用“某人的茶”来表示心爱之物。

例句：I don't like going to the opera. It's not my cup of tea.

我不喜欢听话剧，那不是我的菜。

第十一部分　第 501 – 550 句

请对照相应视频学习

501. one's hands are tied—one is unable to help. 无能为力

注解：be tied 是被动语态，被绑紧了的意思。某人的双手被绑紧了，还能做什么呢？

例句：I would like to lend you money，but we just bought a car and a house. My hands are tied.
我很想借你钱，但是我刚买了房和车，我无能为力。

502. one's heart is in the right (wrong) place—kindhearted，sympathetic or well-meaning. 为人正直

注解：直译为心在正确的地方，就是为人很正直。

例句：Although she makes a lot of mistakes，her heart is in the right place.
虽然她犯了很多错，但是她的为人是正直的。

503. one's heart is in one's mouth—one is nervous，fearful，or anxious. 心脏要跳出来了

注解：字面理解“心脏都在嘴里面了，要跳出来了”，就是日常口语中形容极度紧张的时候的一种夸张的说法。

例句：I'm speaking in front of 200 people tonight and am very nervous. My heart is in my mouth.
我今晚要给两百人讲话，我非常紧张，心脏都要跳出来了。

504. one-track mind—mind focused on a single idea. 一根筋

注解：track 通常指轨道，轨迹。字面理解“一条轨迹思考的头脑”，就是一根筋。

例句：All he ever thinks about is football. He has a one-tracked mind.
他满脑子都是橄榄球，他是一根筋。

505. out of line—not usual，incorrect，unacceptable. 出格的

注解：字面理解“在线外面”，过了底线，就是出格的。

例句：She tells her husband what he can and cannot do. I think she is out of line.
她对丈夫指手画脚的，我觉得她很出格。

506. out of sorts—in a bad mood，irritable. 不高兴的；烦躁不安的

注解：一个说法是从前活体印刷用的铅字叫 sort。排字工人假如发觉铅字不够用，自然会觉得麻烦、不高兴。Out of sorts（缺乏铅字）之所以解作“心情不好”，又引申解作“身体不舒服”，就是这个缘故。另一个说法则是 out of sorts 一语出自纸牌戏。从前人们打纸牌，会先检查各类（sorts）花色、点数的牌齐不齐备；假如有缺，那副牌就叫作 out of sorts，不宜使用。这好比一个人身体或心情不好，暂时“不宜使用”一样。现在，人们常常用 out of sorts 来说闹脾气或身体有点不舒服。

例句：I haven't been feeling very happy lately. I am out of sorts.
我最近感觉很不好，烦躁不安。

507. out of the blue—unexpectedly，by surprise，from nowhere. 突然地，意外地

注解：the blue 指的是“蓝天”，如果有东西突然从天而降，掉出来的话

就是没有防备，没有预兆的。

例句：I haven't heard from my college roommate in 10 years. Last week, out of the blue, he called me.
我大学室友已经10年没有联系了。上个星期他冷不防得给我打了电话。

508. out of the woods—no longer in danger, in the clear. 脱离险境

注解：woods是指森林，有很多树干的地方。在深林里有许多猎食猛兽潜伏，所以很危险，出来了能看清四周也就不危险了。

例句：The doctors say she no longer has the disease. Her prognosis is very good and she is now out of the woods.
医生说她的感染已经抑制住了。她的疗程进展很好，已经脱离了危险。

509. out of this world—wonderful, terrific. 妙到极点的

注解：字面理解为"世界之外的"。用于形容某个事物实在是美好、完美，在这个平凡的世界不应该存在。

例句：This chocolate cake is the best I have ever had. It's out of this world.
这个巧克力蛋糕实在是太好吃了，人间能有几回闻。

510. out on a limb—in a dangerous, exposed position, one's ideas are openly known. 冒险，作死

注解：limb通常是指肢体，这里指的是树的肢体，就是树枝。爬到一根小树叉上，确实很冒险，也很作死。

例句：By speaking up against her boss, she is putting herself out on a limb.
她和老板顶嘴，简直就是作死。

511. over a barrel—in a helpless, trapped position. 受人摆布，非常被动

注解：barrel是"圆形木桶"，指刚被从水里救出来差点溺水的人可以让

他趴在木桶上排除肺里的水。溺水的人浑身无力，完全没有运动能力，只能任人摆布。后来被引申为指一个人出于某种无奈，只能听凭别人摆布，别人让他怎么干他就得怎么干。

例句：He saw me cash my paycheck and then asked me for a loan. I could not refuse. He had me over a barrel.

他看到我在银行取工资，就向我借钱，我没法拒绝，非常被动。

512. over one's dead body—under no condition，never. 没门，只要还有一口气在

注解：字面理解为“越过某人的死尸”。这里形象得描述这样一个情形，你想做某件事情，某人挡在你面前，你想过去只能先杀了他然后从他身上跨过去。

例句：I work six days a week. Only over my dead body will I work another day.

我已经工作了6天了，还想让我再上一天没门！

513. pad the bill—add false expenses. 虚报账目

注解：pad是“虚报”。在国外没有发票，但是还是有报销开支的情况。在上报开支的时候虚报费用项目，也就是在真实的项目里掺假。

例句：The insurance company found out that the dentist had padded the bill.

保险公司发现那个牙医上报的开支单据有掺假行为。

514. pain in the neck—bothersome，annoying thing or person.（因某事或某人）头疼

注解：字面理解为“脖子的疼痛”。就像脖子落枕疼痛一样，怎么扭脖子都疼，稍微一动就疼得要命十分让人讨厌。口语中常用pain in the neck来形容让人头疼的事。

例句：My little brother is a pain in the neck.

我的弟弟让我十分头疼。

515. pan out—happen, develop. 发展，进展；奏效；结果（是）

注解：pan 是“平底锅”，作为动词是“在平底锅里烹饪”。pan out 是指像摊荷包蛋一样，一开始蛋液四处流淌无法预测荷包蛋的形状，但是如果已经在平底锅上铺开并且开始固化，基本上就成型了。

例句：This new business is risky, but hopefully it will pan out favorably.

这个新生意有风险，但愿它能很好地发展。

516. pass away—die. 去世

注解：直译是“过去了远方”，指死亡。

例句：I miss the neighbor who passed away last year.

我很想去年去世的那个邻居。

517. pass out—faint. 晕倒

注解：pass 是“穿过，通过，超过”。out 有“向外出去”的含义，像人的灵魂出去了一样。

例句：I haven't eaten all day, and I think I am going to pass out.

我一整天没吃饭了，我就要晕倒了。

518. pass the buck—shift responsibility to others. 推卸责任，踢皮球

注解：buck 除了是“钱，美元”之外，还指德州扑克中用的一个示意发牌人的物品，一般来说发牌的人是每一局轮转到下一个玩家担任，但是如果有人不想发牌可以立刻把这个物品交给下一家，即为 pass the buck。

例句：I called their customer service line, but everyone kept on passing the buck.

我给客服打电话，结果所有人都在踢皮球。

519. patch up—fix. 修理

注解：patch 的意思是“补丁”，patch up 就是“打上补丁”，也就是修理

的意思了。口语也可以指修理人际关系，也就是“调和”的意思。

例句：Even though we had a fight，let’s try to patch things up.

尽管我们打了一架，大家还是不要伤了和气。

520. pay through the nose—pay too much. 被宰了

注解：可能源自于17世纪丹麦的一个法律，支付不起税费的人要被抓去切开鼻子作为惩罚。没有钱给了，只能切鼻子了，形容被无理收费。

例句：I had to pay through the nose to stay at that fancy resort.

我住在那个高级度假村被宰得连肾都卖了。

521. peanuts—small amount of money. 塞牙缝的钱

注解：peanut n. 花生；极少量的钱。

例句：It only cost peanuts to fix the scrape on the car.

修补那个划痕用不了几个钱。

522. pep talk—a talk to arouse enthusiasm. 正能量的演讲；鼓舞士气的演讲；打气

注解：pep是“活力，精力旺盛”，talk作为名词是“演讲，演说”。

例句：The coach gave the players a pep talk before the game.

教练在开赛前给队员们讲话打气。

523. perk up—emerge from a depressed or uninterested mood. 打起精神

注解：perk是“振作”。字面理解是“振作起来”。

例句：When the owner of the company walks into the office，try to perk up.

当老板来办公室的时候一定要看起来有精神。

524. pick up—obtain，get. 拿

注解：pick up是一个固定搭配，有多种意思，包括“捡起；拿起；偶然

获得；接”等，基本意义为“拾取，拿”。

例句：Please pick up a gallon of milk when you go to the grocery store.

去杂货店的时候记得拿一加仑牛奶。

525. pick up the tab—pay the bill. 买单（替在场的其他人，请客）

注解：tab 是服务员写菜单的时候用的那个垫板，当然也可以指上面夹着的单子。字面理解“拿过来单子”，也就是“买单”的意思。

例句：Since he came into a lot of money，he always picks up the tab whenever we go out to dinner.

因为他有钱，我们吃饭的时候总是他请客。

526. pick-me-up—a drink or snack taken to refresh oneself. 能让人“活过来”的食物饮料

注解：字面理解就是“把自己捡起来”，想象一下脉动的广告语：“让你随时脉动回来！”

例句：“You look tired. Drink this，it's a good pick-me-up”.

“你看起来累了，喝这个吧，它能让你活过来。”

527. piece of cake—easy. 简单，容易，易如反掌的事，小菜一碟

注解：字面理解为“一小块儿蛋糕”。蛋糕只是甜点，不算是正餐正菜，只是小菜，喻指简单轻松容易的事情。

例句：She has also been good at mathematics. She thinks algebra is a piece of cake.

她的数学也很好，她觉得代数易如反掌。

528. pile up—accumulate，put things on top of each other. 堆积，积攒

注解：pile 作为名词是“一堆”，作为动词是“叠放”。pile up 就是“让东西形成一摞”，就是“堆积，积攒”的意思。

例句：Try not to let the work on your desk pile up.
别让你桌上的任务堆积起来。(要按时完成工作别拖拉)

529. pill—an annoying，disagreeable person. 讨厌的人

注解：pill 是“药丸，药片”。没有人爱吃药，因为没有人想生病。药没有好吃的，但生病了还必须得吃，令人厌恶。

例句：She is always mad about something and unpleasant to be around. She is such a pill.
她总是在生气还令人不快，真讨厌。

530. pin someone down—to immobilize someone by direct contact. 固定；追问；压制

注解：pin 的意思是大头针，用于把东西固定在告示板上。pin sb down 就是把人给设法固定住，可以用来形容社交上的固定，防止某人逃避问题；可以指物理上的固定，比如用摔跤体术防止对方挣扎；也可以指在战场上用火力压制敌方使其不能离开掩体。

例句：He needed to pin her down as to the date for the meeting.
他需要迫使她说出会议的日期。

531. pinch pennies—be thrifty，careful how you spend money. 花钱节省

注解：pinch 是“捏”，penny 是“一分钱硬币”。合起来就是手里抓着一分钱的硬币这样花，形容花钱很小心不浪费。

例句：If you spend your time pinching pennies，eventually，you'll have a lot of money.
如果你花钱谨慎小心的话，你就会有很多的钱。

532. pink slip—notice of dismissal. 开除信，解雇通知书

注解：pink 是“粉色的”，slip 是“纸片”。美国几十年前的开除信一般都会用到复写纸，其中第二层就是粉色的。如果你收到了“粉红色的纸片”，就意味着你被开除了。

例句：He was fired and received a pink slip on Friday and will not be showing up for work on Monday.
他周五被开除了，周一就不会来了。

533. pinpoint—find exact location or cause. 精确定位

注解：pin 是“大头针”，point 是“指出”。在地图上指出具体位置常用大头针来精确定位。

例句：We need to pinpoint the cause of the problem.
我们必须精确定位问题所在。

534. pitch in—help by joining the effort. 投入

注解：pitch 是“投（球），丢”。字面理解“投进里面”，也就是投入，做出贡献的意思。

例句：Everyone needs to pitch in so that we can get the work done and go home.
每个人都要尽自己的力，我们才能早点干完回家。

535. the pits—the worst，anything that is very bad. 最令人厌恶的地方（或环境、情况等）

注解：pit 是“深沟，深坑”。深坑里总是会充满各种脏乱的东西，令人生厌。

例句：Having to clean out my basement is the pits.
还要打扫地下室真是讨厌。

536. play hooky—stay away from school or work without permission. 旷课；缺席

注解：hooky 原本是捉迷藏的意思，现在用来指旷课，出去玩。

例句：He played hooky from work so that he can do things around his house.

他旷了课回家帮忙做家务。

537. play it by ear—make your decision according to the situation. 无计划地进行……即兴表演；随时应变；见机行事；随性而至

注解：play 指“演奏”，by ear 指“依靠耳朵”。字面理解“靠耳朵就可以演奏”，就是说随便听到什么就可以弹奏出来而不看乐谱。形容无计划地做一些什么事情。

例句：I'm not sure when I will arrive at the restaurant，so let's play it by ear.

我不知道我什么时候能到餐厅，我们随机应变吧。

538. play the field—go out with many people romantically. 滥交情人，不专一；（现代）脚踏整个船队

注解：这个表达源于在赛马场下赌注，但是如果你每一匹马都赌一点，就是 play the field，在整个马场上下注。现在这句话是指同时在很多交往对象身上下注而不是专注一个。

例句：She is not dating anyone seriously and is still playing the field.

她对谁都不是真心的，她现在不是脚踏两只船，而是脚踏了一支船队。

539. play up to someone—flatter or please for selfish reasons. 拍马屁

注解：play 是“玩，耍”。字面理解“耍给某人看”，就是讨好某人，给某人拍马屁的意思。

例句：He is playing up to his boss because he is hoping to move up in the company.

他在给老板拍马屁，因为他想往上爬。

540. play with fire—invite danger，trouble. 玩火

注解：字面理解“玩火”，指做（不必要的）危险事，在危险面前掉以

轻心。

例句：You are playing with fire if you drive with your car on “empty”.
如果你没油的情况还继续开着跑就是在玩火。

541. plenty of—a lot of，abundance. 很多

注解：固定搭配，指“很多，许多”。

例句：She had plenty of food at the party，so everyone ate a lot.
她为派对准备了很多的食物，所以每个人都吃得很饱。

542. point out—explain，show，call attention to. 指出

注解：point是“指”，out是“出来”。

例句：Let me point out the problem with your plan.
让我指出你计划中的问题吧。

543. pop the question—ask to marry. 求婚

注解：pop是动词“使……爆裂”。由于求婚是一个不容易开口的问题，所以一般都是憋足了勇气再去问，就像气球吹起来然后一下子扎破（pop the baloon）一样。而且求婚的时候，男方总是怀有“女方会不会答应我呢”的疑问（question）。所以，把这样的疑问打破，就说明他已经准备好去求婚了。

例句：He popped the question and asked her to marry him when they were scuba diving.
他们潜水的时候他提出了结婚。

544. pound the pavement—walking the street looking to accomplish something. 徘徊街头找工作

注解：pound作为动词是“击打，重击”，pavement是“道路；人行道”。字面理解“击打地面”，形容人们“迈着沉重的脚步去寻找工作”。

例句：It took him 3 months of pounding the pavement before he landed a job.
他在街上混了 3 个月才找到一份工作。

545. pour it on thick—flatter profusely，exaggerate. 用力拍马屁

注解：pour 是“倾倒”，也有“大肆吹捧”的意思。thick 是“粗的”，也有“夸大其词”的意思。无论是大肆吹捧，还是夸大其词，都有“拍马屁”的意思。

例句：He poured it on thick to his boss，because he wanted to get a raise.
他在用力给老板拍马屁，因为他想要提薪。

546. pull a fast one—cheat，deceive. 欺骗

注解：pull 是“拉”，fast 是“快速的”。字面理解为“快速拉回一个”。有新闻报道过，有些人会利用一些魔术手法在换零钱的时候，把零钱交给别人的一刹那，迅速地抽回来一张，既没引起别人的注意，自己又成功骗到了钱。

例句：She pulled a fast one when she got away with stealing all the company's profits.
她骗走了公司的所有盈利。

547. pull punches—hide unpleasant facts or make them seem good. 手下留情

注解：punch 是“出拳重击”。字面理解“拉回出拳重击”，就是手下留情。

例句：She told him why she wouldn't date him anymore，and she didn't pull any punches.
她告诉了他不继续交往的理由，一点也没有手下留情。

548. pull someone's leg—trick，playfully tease，fool. 戏弄

注解：字面理解为“拉某人的腿”。现在街上有一些乞讨者，他们总是装

出一副极其可怜的状态，有的甚至装成没手没脚瘫在地上，拉过往行人的腿向其乞讨。他们讨到了钱后收工回家，把道具一扔，又过回了正常人的生活，完美地戏弄了，欺骗了大家的同情心。

例句：If you think I believe that you won the lottery，you are pulling my leg.
如果你觉得我会信你中了彩票？你逗我玩呢吧？

549. pull something off—accomplish something remarkable. 成功，达成

注解：字面理解为“拉下某物”。源自于赛马或赛狗等体育项目，指在终点摘取彩带的动作。谁先拉下彩带谁就获得了胜利。

例句：He never thought he would be able to put on a show，but he pulled it off.
他从没想过自己可以独当一面，但是他成功了。

550. pull strings—secretly use influence and power. 走关系

注解：string 是“线，细绳”。字面理解为“拉线”。也就是中文里面的一句俗语“牵绳拉线”，用于介绍人际关系。

例句：I'll see if I can pull strings so that you can get an interview.
我看看能不能给你拉拉关系取得个面试的机会。

第十二部分　第551－600句

请对照相应视频学习

551. pull the rug out from under—spoil someone's plans, withdraw support. 打乱某人的计划；挖坑，坑人

注解：rug是“小地毯”。字面理解“把地毯从下面拉出来”，如果别人好好地站在地毯上面，你突然把毯子从他脚下拉出来，他就会摔倒了。引申义就是把某人给坑了。

例句：I felt like someone pulled the rug out from under me when he said he wouldn't pay my tuition.
当他告诉我他不会给我支付学费的时候，我感觉自己被坑了。

552. pull the wool over one's eyes—deceive, mislead. 欺骗，蒙蔽

注解：wool是“羊毛，羊毛织物”的意思。字面理解为“用羊毛织物蒙上了双眼”。在汉语里面有“被……蒙蔽了双眼”的表达，表示的就是被欺骗了。

例句：He pulled the wool over her eyes and married her just for her money.
他骗着她和自己结婚其实只是为了她的钱。

553. pull up stakes—move to another location. 搬家

注解：17世纪时刚到美洲大陆的欧洲人做的第一件事就是用尖木桩修建围栏，那些削尖的木桩叫stake。把木桩拉出来移走，就意味着要搬家了。

例句：They pulled up stakes last year and moved to another state.

他们搬家去别的州了。

554. push someone around—boss，make a person do what you want. 呼来唤去

注解：字面理解是“推来推去”。如果一个人可以被随意推来推去，表示别人让他干什么就干什么，总是被呼来喝去的。

例句：I don't like it when she pushes me around.

我不喜欢被她指挥来指挥去的。

555. put a damper on—discourage，spoil a person's fun. 讨（对方）没趣

注解：damper是“阻尼”的意思，加了阻尼的意思就是不那么容易嗨起来了。

例句：I hate putting a damper on the party，but it is getting late and everyone has to go home.

我不想讨大家没趣，但是现在很晚了大家应该回去了。

556. （would not）put something past someone—be surprised by what someone does. 某事在某人的底线以内

注解：字面理解“把某事放在某人后面”，可以理解为“认为某事出了某人的底线”。past意思是过去，可以理解为过了底线。通常只会用否定式，也就是说不会认为某事出了某人的底线，也就是某件事情虽然过分，某人还是有可能去做。也可以说：it isn't beyond someone to do something.

例句：I wouldn't put it past her to talk about me behind my back.

她在背后说我坏话也不足为奇。

557. put down—make someone look bad，criticize. 贬低；使没面子

注解：put down是固定搭配，意思包括“镇压；记下；贬低；制止”。

例句：He embarrassed her by putting her down in front of her family.
他在她家人面前批评她，使她没有面子。

558. put in one's two cents—give one's opinion. 谦虚的建议

注解：字面理解为“放进某人的两分钱”。如果把组团讨论看作是一个集资活动的话，放进去自己的两分钱就相当于加入自己的一点建议。

例句：I put in my two cents, so that everyone knew how I felt.
我也说了两句，这样大家好明白我是怎么想的。

559. put one's cards on the table—be frank, tell everything. 摊牌

注解：字面理解为“把牌摊在桌子上”。扑克游戏中，手里的底牌是不能被别人知道的，别人知道你的底牌就相当于知道了一切。摊牌，后来被用在了我们的生活上，指实情全盘托出。

例句：She put her cards on the table and told everyone what she really thought.
她直接向大家摊牌了。

560. put one's finger on—find precisely, remember exactly. 指出

注解：字面理解“把手指放在某事物上”，就是“指出……”。

例句：She didn't know what was causing the problem, but she finally put her finger on it.
她本来不知道具体原因是什么，但是现在她终于能指出来了。

561. put one's foot down—object strongly, take firm preventative action. 气愤地表示反对

注解：字面理解为“把脚放下来”，表示的是站稳脚跟，立场很坚定地反对某事。

例句：I cleaned the whole house. When she told me that I had to clean the garage too, I finally put my foot down.
我把整个房子都清扫了，当她告诉我还要清扫车库的时候，我终于忍不住坚决反对了。

562. put one's foot in one's mouth—speak carelessly, make a rude or insensitive comment. **说错话**

注解：字面理解为“把脚放在嘴里”。本来是指一不小心一脚踩在污水或者比污水更加糟糕的东西上面。后来，一不小心做了些不该做的事，说了些不该说的话，也叫作 put one's foot in it 了。

例句：I said something that embarrassed my friend, and really put my foot in my mouth.
我说那话太不给我朋友面子了，我嘴真贱。

563. put our heads together—confer, discuss. **凑在一起讨论**

注解：直译为“把头凑在一起”，就是大家凑起来讨论。

例句：Let's put our heads together and figure out a way to solve this problem.
让我们齐心协力想一个办法解决这个问题。

564. put someone in his or her place—scold someone for rude, improper behavior. **提醒某人自己的姓氏**

注解：直译为“把某人放在他自己的位置上”，就是说当某人忘了自己姓什么的时候提醒他一下，或者问一下记不记得自己是谁。

例句：When she embarrassed me in front of my friends, I angrily answered her back and put her in her place.
当她在朋友面前贬低我的时候，我愤怒地问她还记得不记得她自己姓什么。

565. put someone on a pedestal—idolize, worship. 把某人当作偶像崇拜（或理想人物，了不起人物），崇敬某人

注解：pedestal 是“（雕像的）基座”。这里喻指神坛王座。字面理解“把某人放在神坛上”，代表对某人极其崇敬。

例句：He has great respect for his coach, and has put him on a pedestal.
他对教练恭恭敬敬，恨不得把他供在神坛上。

566. put something out of one's mind—try not to think about it. 不去想某事

注解：字面理解“把某事从脑子里拿走”，就是“不去想某事”。

例句：I'm worried about next week's test, but I am going to relax and put it out of my mind.
我很担心下周的测试，但是我会静下心来不去想它。

567. put through the wringer—cause severe stress. 吓死了

注解：put through 是“接通；穿过；经受”，wringer 是欧洲古代用的一种机械洗衣机，通过两个互相挤压的滚轮把经过的衣服挤干。把人放进去挤的话，想想都很恐怖……

例句：The attorney asked me many questions and put me through the wringer.
代理人问了我很多问题，吓死我了。

568. put two and two together—make a conclusion knowing the facts. 根据事实推理

注解：直译为“把 2 和 2 放在一起”，1 + 1 = 2，2 + 2 = 4，3 + 3 = 6 这都是公认的事实结论。

例句：She put two and two together and realized that he was stealing from the company.
她根据线索推理后认为他在贪污公司的钱。

569. put up a good front—pretend to be happy, fool people about one's status. 逞强（表现出好的一面）

注解：字面理解为“把好的东西都放在门口”。日常生活中引申为逞强，指故意呈现出好的一面，隐藏所有不好的。

例句：Even though she is upset about the fight she had with her friend, she put up a good front and smiled the whole time they were together.
尽管她和男友吵得很难受，她还是逞强一直保持微笑。

570. put up with—patiently accept, endure. 忍受

注解：put up with sb 就是“跟某人放在一起”，如果把你跟一个你很讨厌的人放在一起，那可有你忍受的了。

例句：He has had to put up with her terrible disposition if he wanted to remain married to her.
他如果想娶她的话就得忍受她垃圾的人品。

571. quack—an ignorant or fraudulent doctor. 江湖医生

注解：quack n. 庸医，江湖医生。vi. （鸭子）嘎嘎叫。

例句：The man paid the doctor $1000 to fix his problem, but he still had a lot of pain. I think that doctor is a quack.
他付了那个医生1000美元来给他看病，但是一点好转都没有。我觉得那个医生是个江湖医生。

572. rack one's brain—try hard to think or remember. 绞尽脑汁

注解：rack 作为名词是“（机械的）齿条”，作为动词是“折磨”。字面理解“折磨脑子”就是绞尽脑汁。

例句：I racked my brain to remember who I was supposed to call back.
我绞尽脑汁也想不起来我应该给谁回电话。

573. racket—easy，well—paying job，business that cheats customers. **忽悠**

注解：racket 作为名词有“球拍；喧闹；吵闹”的意思。自古以来，越大声说自己的什么什么好的人，就越是瞎忽悠。

例句：That company is running a racket. They take money from people，but never provide them with a service.

那个公司就是个忽悠，他们光收钱不干事。

574. raise eyebrows—cause surprise or disapproval or shock. **可观的，出人意料的，吸引眼球的**

注解：raise 是“提起；升起；抬起；举起”，eyebrow 是“眉毛”。字面理解“抬起眉毛”，也就是眉毛上挑。当你看到了令你感兴趣的，吸引你眼球的东西，眼睛就会张大放出光来，眉毛也自然抬起了。

例句：It raised some eyebrows when the mother hit the little child in the store.

那个妈妈在商店里打孩子吸引了众人的眼球。

575. rake it in—make a lot of money. **财源滚滚**

注解：rake n. 耙子，v. 用耙子耙。to rake 是国外自家后院用很大的耙子清扫落叶的方式。就是说钱太多了而且满地都是得拿耙子扫进家里。

例句：Since business has improved，he is really raking it in.

自从生意改善以来，他财源滚滚。

576. rake over the coals—scold，reprimand，blame. **谴责，申斥，责备**

注解：coal 是“煤”的意思，这里理解为还在燃烧的炭火。把一个人放在炭火上翻滚就是全方位的批评谴责，骂得“外焦里嫩”。

例句：My boss raked me over the coals for losing the big account.

我老板因为丢失了账户严厉训斥我。

577. rat race—endless, competitive striving; hurried material existence. 无意义的艰辛，徒劳

注解：rat 是“老鼠”。race 是“比赛”。但是这里指的比赛是两只老鼠都在旋转鼠笼里的比赛，无论老鼠怎么努力奔跑都是徒劳。

例句：Working in the big city can sometimes feel like a rat race.
在大城市里工作有时候感觉都是徒劳。

578. raw deal—unfair treatment. 霸王条款；不公平待遇

注解：raw 的理解方式比较多，可以是生的，可以是原始的，这里应该理解为野蛮的，就是原始人/野蛮人那样。野蛮人的协议就是不公平的，坑人的，宰人的协议。

例句：I was the lowest paid worker in the office. I believe I was given a raw deal.
我是办公室里工资最低的员工，我觉得我签了个霸王条款。

579. read between the lines—understand things that are not said, find a hidden meaning. 领会字里行间的意思；体会言外之意

注解：字面理解“读字里行间”，就是领会字里行间的意思。

例句：If you read between the lines, you will see that this contract only protects the company and not the customer.
如果你领悟了言外之意的话，你会发现这个合同只保护公司不保护客户的利益。

580. real McCoy—the genuine thing. 真货

注解：McCoy 就只是一个人名而已，但是这个说法的意思是指真货，本人。

例句：This artifact actually came from the Titanic. It is the real McCoy.
这个宝贝来自于泰坦尼克号，这是真货。

581. red tape—excessive formalities in official business. **形式主义；繁文缛节**

注解：字面理解“红色的带子”。在很多国家的官方机构里，都不同程度地存在着一些“形式主义”和“繁文缛节”，在英语中有个有趣的说法“red tape”，反映的就是这种复杂并浪费时间的“官僚作风”。原来以前的英国官方文件惯例上是用红色布带系成一扎一扎的，red tape 的比喻由此而来。早在 17 世纪，red tape 的本义“红色带子”就出现在英语中，但直到 19 世纪早期，这个说法才成为一个常见比喻，形容“官僚作风造成的延误”。

例句：Many businesses have been complaining about the amount of red tape that they must deal with in order to get anything done with the government.
很多公司都在抱怨政府繁杂的政策。

582. right off the bat—in the beginning，immediately. **立刻；马上；开始**

注解：字面理解“恰好刚刚要离开球棒（bat）”，就是棒球刚刚被打出去的时候。形容刚刚开始。

例句：Before anything else happened，right off the bat he welcomed everyone to the meeting.
在所有事情之前，刚开始的时候他就对所有参加会议的人表示了欢迎。

583. right under one's nose—in an obvious nearby place. **眼皮子底下；近在眼前**

注解：字面理解“就在某人的鼻子下面”，用于形容非常接近非常容易看见。

例句：Even though I never take my eyes off of the jewelry counter，someone stole a watch right under my nose.
尽管我的目光从来不离开珠宝柜台，还是有人从我眼皮子底下偷了一只手表。

584. ring a bell—remind one of something familiar. 似曾相识；（听着，看着）熟悉

注解：直译为响铃铛，可以想象为脑海里的信息如果有哪一条和当前思考的内容相关就会响铃铛来提醒自身的位置，但是仅仅有铃声还是不容易定位，特别是当铃声比较遥远的时候。

例句：I'm sure I've seen that man before. His name rings a bell.
我很确定我见过他，他的名字我在哪里听过。

585. rip off—cheat，rob. 宰人

注解：rip 是"撕"。字面理解"撕开"，rip off somebody 就是日常生活中常说的宰人，指店家把便宜的、质量差的商品以高价卖给消费者。也可以用来指山寨的产品，something is a rip-off of something else，理解为强行撕下他人的想法加入自己的产品。

例句 1：This product I bought doesn't work and is made poorly. I was ripped off.
我买的这个宝贝根本不能用，质量也差，我被宰了。

例句 2：This "Lousi Vuttion" hand bag is obviously a rip-off of "Louis Vuitton"
这个 LV 包一看就是山寨货。

586. road hog—aggressive and unsafe drivers on the road. 野蛮驾驶

解释：hog 是"野猪"，字面理解就是"在路上疯跑的野猪"，到处乱拱乱撞。形容驾车野蛮。

例句：That road hog is driving between two lanes and I think may cause an accident.
那人在两条线中间开车太野蛮了，我觉得会引起一起交通事故。

587. rock the boat—upset the status quo. 捣乱；破坏良好的现状

注解：rock 作为动词是"摇晃"。字面理解为"摇晃船只"。大家都安稳

坐在船上的时候你突然站起来左右摇晃船只，就是在捣乱。后引申为破坏良好的现状。

例句：If you tell everyone in the office about the company's plans to close，you may cause a lot of problems. Don't rock the boat.
如果你告诉大家公司要关门的消息的话会惹麻烦的。

588. roll out the red carpet—greet a person with great respect，give a big welcome. 热烈欢迎，隆重欢迎

注解：roll out 就是“滚出（一大卷），铺开”。铺开红地毯，像好莱坞明星那样红地毯必须从加长轿车一路铺到屋里，用来形容非常隆重地迎接客人。

例句：When the King of Jordan visited Washington，they rolled out the red carpet and gave him a great welcome
当约旦王要访问华盛顿的时候，他们滚出了红地毯并给予了他一个隆重的欢迎。

589. rope into—trick，persuade or pressure. 劝诱

注解：rope 是“绳子”。字面理解“用绳子把某人带入……”，表示的是用诡计把某人一步步引入设好的骗局，也就是劝诱的意思。

例句：She got roped into going to the meeting even though she doesn't work in that department.
她被劝诱来参加了会议，虽然她根本不在那个部门工作。

590. roughly—approximate. 大概的

注解：rough adj. 粗糙的；粗略的；粗野的；艰苦的；未经加工的。

例句：This computer sells for roughly ＄1000
这台电脑的售价大概是 1000 美元。

591. rub one the wrong way—annoy，bother，make angry. 得罪了某人；惹怒（或触犯）某人，使某人不痛快

注解：rub的意思是搓或者抚摸，源于如果抚摸喵星人（猫）的方式不对它们会很反感。但是必须是抚摸得不舒服这种不容易察觉的得罪，而且得罪的人本人不知道，当着大家的面翻脸不算。

例句：There is something about his personality that just rubs me the wrong way.

我不知道具体为什么，但是他的个性我看着就不爽。

592. rub it in—constantly refer to a mistake or fault. 哪壶不开提哪壶

注解：直译为"抹药"，强调反复揉搓才能让皮肤吸收药物。后来被引申为"反复地讲某事"，如果你反复讲的事让大家不反感还好，如果你讲的事情让人很反感，你还总是反复讲的话，那就是哪壶不开提哪壶了。

例句：She used to rub it in that I was fired from my job. She is no longer my friend.

她哪壶不开提哪壶，老说我被开除的事情。所以我和她绝交了。

593. rule out—decide against，eliminate. 排除；取消；划去；反对

注解：rule作为动词有"统治；控制；裁定"的意思，rule out sth表示的就是有权力把某事排除在外。

例句：You will need some medical tests because your doctor needs to rule out whether or not you may have a virus.

你需要体检，因为医生需要排除你带有病毒感染的可能性。

594. rule the roost—be the dominant one in the family. 说了算

注解：roost的意思是"栖息处"。字面理解"统治栖息处"，也就是在某个局域内有权力，有话语权。

例句：Although she is very quiet and soft-spoken，I was told that she rules the roost in her family.

虽然她看起来很文静，我听说其实家里她说了算。

595. run (take) a risk—be open to danger or loss, unprotected. 冒险

注解：risk既是名词也是动词“冒险”，take a risk就是“进行冒险”。

例句：Everyone is sick in your friend's house. If you go and visit him, you are running the risk of getting sick too.

你朋友家里的人都病倒了，你去看他们的话就要冒被传染的风险。

596. run around in circles—act confused, do a lot, but accomplish little. 像无头的苍蝇一样乱转

注解：直译为“原地转圈”，就是像无头的苍蝇一样乱转，瞎忙活，白忙活。

例句：I had so much to do that I was running around in circles.

我的任务实在是太多了，把我搞得像没头的苍蝇一样乱转。

597. run down—in bad condition. 走下坡路的；疲惫不堪的；萧条的，不景气的；(建筑)破旧不堪的

注解：字面理解“往下跑”，就是“走下坡路”。身体要是走下坡路了就是“疲惫不堪的”；经济要是走下坡路了就是“萧条的，不景气的”；物品要是走下坡路了就是“老掉牙的”；建筑要是走下坡路了就是“破旧不堪的”。

例句：Nothing seems to be working in this car. It seems to be very run down.

这辆车不行了，没有一个零件是好使的。看样子已经老掉牙了。

598. run for one's money—has been a difficult challenge for someone. 对某人来说具有挑战性

注解：字面理解的话是“为某人出的钱跑了一圈”，这里面的典故也源自于赛马，如果你花钱下赌注的马都没有出赛就赢了或者输了，那表示没有挑战，没有意思。但是只要是出赛了，无论输赢起码赌注的钱花得值。

例句：China didn't win the competition, but they sure did give the US a run for their money.

中国虽然没有赢，但是美国也赢得十分不容易。

599. run out of—finish the supply, use up. 耗尽

注解：out 本身就有“耗尽”的含义。run 除了“跑”的意思之外还有“运营，运转”的意思。表示的意思就是东西但凡使用，总会有用尽的一天。

例句：The car's gas meter was on empty and I was afraid that we were going to run out of gas.

汽车的油表已经报警了，我当时很担心会没油。

600. run ragged—tire, exhaust. 精疲力尽

注解：rag 的意思是要饭的穿的那种破烂衣服，就是很形象得在说我累得看起来像要饭的一样。

例句：I haven't had a day off in 2 months and feel like I'm running ragged.

我已经连续 2 个月没有休息了，我感觉精疲力尽了。

第十三部分　第601－650句

请对照相应视频学习

601. scalper—a person who buys things at the regular rate and sells it at a profit. 票贩子，黄牛

注解：scalping 原意是北美土著和一些其他文化在胜仗之后会搜刮敌人的头皮作为杀敌的凭证，也有一些地方可以凭借敌人的头皮领赏。黄牛搜刮产品拿去谋取利益的行为与此很像所以称为 scalper（黄牛）。

例句：There were many scalpers selling tickets before the game.
比赛开始前那里有很多黄牛在卖票。

602. scam—a plan to cheat someone. 诈骗，骗局

注解：scam n. 骗局，诡计。

例句：The woman finally got in trouble, because it was found out that she was running a scam.
那女的终于罪有应得，她的骗局被发现了。

603. scatter around—carelessly put in different places. 散一地

注解：scatter 是"分散，散开"。字面理解"散在周围"，指的是东西被乱丢，乱放后的一种乱状。

例句：Clothes were scattered around the messy room.

房间里到处散布着衣服。

604. scrape the bottom of the barrel—take whatever is left after best has been taken. **退而求其次；捡剩**

注解：scrape 是“刮”，barrel 是“桶”，bottom of the barrel 就是“桶底”。这里用 bottom of the barrel 形容低端货，源于存放葡萄酒的木桶，残留在底下的自然不是好葡萄酒，含有很多杂质。用于形容好的都被别人瓜分走了，只能退而求其次用差劲一点的来凑合。

例句：We need to find employees for the new company but all the talented ones are already working. It looks like we need to scrape the bottom of the barrel and hire people with less talent.

我们需要为这个新公司招雇员，但是精英都已经有工作了，看来我们只能凑合了。

605. scraping by—living on barely enough money. **勒紧裤腰带；勉强维持**

注解：scrape 是“刮”的意思，每顿饭都得刮碗底吃干净才能勉强填饱肚子。

例句：I could barely scrape by after paying for my own tuitions.

我交了自己的学费以后只能勒紧裤腰带过日子。

606. scrape together—get money little by little. **东拼西凑**

注解：形容容器里的食物已经见底，得拿勺子到处刮剩余的残渣凑成一堆的情况。后引申为“凑钱”。

例句：I'll need to scrape together some money so that I can buy your car.

我得凑凑钱好买你的车。

607. scratch the surface—merely begin to understand or accomplish something. **学习/研究只停留在（事物）表面；只做了肤浅的研究**

注解：scratch 是“划破”，surface 是“表面”。字面理解“划破表面”，指的是对某事物的研究只是浅尝辄止，未做深入研究，只停留在表面。仅仅划破表面和深入探索的对比如同中文里的九牛一毛。

例句：He has been looking through the accounting books to find all of the errors. There seems to be so many that he is only beginning to scratch the surface.

他在翻看公司账单找错误。但是貌似他才刚刚开始。

608. screw up—to cause something to fail or be spoiled. **搞砸；破坏**

注解：这个表达在口语中很常用。screw 是动词“搞砸，破坏”的意思。是个不及物动词，与 up 连用，后可直接加宾语。

例句：Get out. Haven't you screwed things up enough already, you idiot!

滚出去！难道你把事情弄得还不够糟吗？你这个白痴！

609. scrounge around—look in a lot of places for a certain item. **四处寻找**

注解：scrounge 是“白要；讨要；蹭饭”等，scrounge around 就像庙里的和尚去化缘，有到处寻找（施主）的意思。

例句：I need a 2 – inch screw that will hold a part tight in the light fixture. I've been scrounging around for an hour, but can't seem to find one.

我需要一根 2 英寸的螺丝来把这个零件固定在灯座里，我都到处找了一个小时还是没找到。

610. second hand—not new, previously used. **二手**

注解：字面理解是“二手”。另外一种说法是 Pre-owned。

例句：The little girl has been wearing second hand clothes from her older sister for the past year.
这个小女孩每天都穿她姐姐穿过的衣服。

611. see daylight—achieve or expect a favorable result. 看见曙光

注解：daylight 是“日光，白天的阳光”。字面理解“看见曙光”。

例句：Now that most of the inventory is done, we are beginning to see daylight.
现在大部分存货已经出手了，我们已经看见了曙光。

612. see eye to eye—have the same opinion, agree. 互相认同

注解：字面理解“眼睛和眼睛看在一起，对视”，可以想象为电影里面那种两个人对视点头表示互相认同。

例句：My partner and I are splitting up. We do not see eye to eye.
我和对象分开了，我们互相不认同。

613. see red—become very angry. 发怒

注解：字面理解为“看见红色”，形容人像公牛看见了红布然后发狂发怒的样子。在英语中，如果颜色可以被很好地使用，可以达到事半功倍的效果。各种颜色也有各自代表的约定俗成的含义。如：blue 蓝色代表“忧郁，伤心”，例：feeling blue（心情沮丧）；red 红色代表“愤怒”，例：see red（发怒）；black 代表“坏”，例：black sheep（败家子）；pink 粉色代表“气色红润”，例：in the pink（脸色好）。

例句：I saw red when he told me that he wouldn't be at work tomorrow.
他告诉我他明天不上班的时候我立刻就怒了。

614. sell like hot cakes—sell quickly, rapidly. 畅销，热卖

注解：字面理解“卖得像热蛋糕一样”。在中国，人们早餐不经常吃热蛋糕，而是会吃煎饼。想象一下国外的热蛋糕就像中国的早餐煎饼一样，瞬间就

被销售一空。

例句：His CD is becoming so popular, it is selling like hot cakes.

他的 CD 现在真火，十分畅销。

615. sell oneself short—underestimate oneself. 小看自己

注解：short 有“矮；低；短缺”等意思。字面理解“把某人自己卖低了”，也就是“自己把自己看轻了”，指的是某人的价值其实远比他自己认为的要高。

例句：Even though she is the only one who knows how to fix all of the computers, she doesn't realize how valuable she really is. She is always selling herself short.

虽然只有她会修各种各样的电脑，但她没意识到这多么有价值。她总是小看自己。

616. send someone packing—cause someone to leave or quit. 送客（态度强硬）

注解：packing 表示收拾包裹，字面理解“送某人去收拾包裹”，就是让别人收拾走人，可用于工作中，表示“解雇，卷铺盖卷走人”，也可以用在生活中，表示“把某人赶出家门”。

例句：When he broke up with his girlfriend, he didn't want her living in his apartment anymore. He sent her packing.

当他和女友分手的时候他不想她继续住在自己的公寓里，就把她赶了出去。

617. serve time—be in jail. 坐牢，服刑

注解：serve 有“服务”的含义，同时也有“服刑，服役”的意思。服务客户是 serve the customer，服刑是 to serve time。这里的 time 可以理解为“服刑的时间周期”。

例句：He served time in the county jail for driving without a driver's license.

他因为无照驾驶在监狱坐过牢。

618. set one back—cost. 耽误；花费

注解：set back 是“耽误，延误”。字面理解“耽误某人”，理解为耽误了某人积累财富，也就是花了钱。也可以用于形容耽误其他计划和进程。

例句：These new shoes set me back ＄200

这双新鞋花了 200 美元。

619. settle down—live a quiet normal life. 稳定下来

注解：settle 是“定居”。字面理解为“定居下来”。引申为“稳定下来”。

例句：After they marry，they plan to move out into the country，settle down and have a family.

他们结婚以后计划搬到乡下去稳定下来组建家庭。

620. shape up—begin to act and look right. 修正，改正；合理行事，好好表现；健美

注解：to shape 有塑形的意思，原意指把某件物品塑成理想的形状，后引申为让某人有规矩地做事，但也可用于形容塑造身体，即健身。

例句：The school boy was hitting other children and talking out in class. He was told by the teacher that he better shape up or he will have to stand in the hallway.

那个熊孩子打人还在课上讲话，老师告诉他要是不改的话就得出去罚站。

621. sharp—smart，witty，quick thinking. 敏锐

注解：sharp 作为形容词有“聪明的，敏锐的”的含义。最常用的含义是“锐”，如同汉语中所说的“敏锐”的锐，指思维锐利。

例句：The supervisor is very sharp. She knows how to quickly fix any problem that may arise.

那个经理很敏锐，出现什么问题她都能设法对付。

622. shell out—pay. 付款

注解：Shell 作名词时指“贝壳、外壳”，贝壳在古时候曾作为货币流通工具而具有很高的价值。把贝壳撒出去，就相当于花费了。

例句：We shelled out a lot of money to eat at that fancy restaurant.

我们去那个餐馆吃饭花了不少钱。

623. shook up—upset，worried fearful. 惊呆了

注解：shook 是 shake 的过去式，shake 是“抖动，摇动”。形容遇到了令人震惊的事件身体瑟瑟发抖，已经被惊呆的样子。

例句：I got all shook up when I heard the awful news.

我听到那个坏消息的时候惊呆了。

624. shoot full of holes—find great fault with. 百般挑剔

注解：shoot 是“射击”，hole 是“洞，孔”。字面理解“射得都是孔”。中国有句俗语是千疮百孔，形容漏洞、弊病很多，或破坏的程度很严重。漏洞多了，当然会引来挑剔。

例句：I thought my idea was great，but my boss said it would never work. He shot it full of holes.

我觉得我的想法非常不错，但是我的老板却说这个想法不可行。他百般挑剔。

625. shoot the breeze—talk idly or gossip. 闲聊，八卦

注解：breeze 是“微风”。字面理解“射击微风”，这个表达中的 shoot 是“唾沫飞溅”的意思，就像机枪的子弹一样。微风代表了一种惬意的环境，想

象一下，两个人在微风中唾沫到处飞，不是闲聊，就是在八卦。

例句：Let's go out after work and shoot the breeze for a while.
下班以后去一起出去唠嗑吧。

626. shop around—look in many stores. 逛街

注解：shop 作为动词本身就有"购物"的意思。字面理解"在周围购物"，就是逛街。

例句：She shopped around for the perfect dress to wear to the party.
她四处逛商场想找到聚会穿的完美裙子。

627. shoplifter—one who steals goods from stores. 小偷（仅限从商店偷）

注解：shoplifter n. 商店小偷；商店扒手。

例句：The shoplifter was stealing some merchandise and was caught by the security guard.
那个小偷正在商店里作案的时候被保安抓住了。

628. short end of the stick—unfair，unequal treatment. 被坑了

注解：stick 是枝条或者棍子。很早的时候美国人惯于把任何处于劣势的称为 the short end。这种说法来自拔河比赛。赢家手上掌握着长的一头，就是 the long end。而输家则是短的一头，也就是 the short end。到了三十年代末这个短语后面添加了 the stick，成了今天的 the short end of the stick，用来形容某人遭受到了不公平待遇，吃了亏。

例句：I was the only employee who had to work all weekend. I got the short end of the stick.
我是唯一一个双休工作的员工，我被坑大了。

629. shrug off—dismiss，not be bothered or hurt. 不屑理财，当作浮云

注解：shrug 是"耸肩"。人什么时候会耸肩呢？常常是脸上一副不屑的样

子的时候，然后耸耸肩膀继续干自己的事情。

例句：Even though his classmates treated him badly，he didn't let them bother him. He always shrugged off their mean comments.
尽管他的同学对他不好，他并没有被影响。他把那些不怀好意的评论当成浮云。

630. sick and tired—disliking some continual behavior，annoyed. （精神上）腰酸背痛腿抽筋；筋疲力尽的

注解：sick 有“生病”的意思，同时也有“讨厌的”的含义。tired 是“累”。字面理解为“又累又病”。生病了本身就会让人感到心力交瘁，更何况再加上一个 tired。

例句：I am sick and tired of listening to the loud music that my neighbors are always playing.
我邻居大声播放的音乐我已经听得耳朵起茧子了。

631. side with—to support/ to agree with，支持，与某人站在同一边

注解：side 是“一侧”。直译为“和某人站在一侧”，意思就是跟某人站在一队，表示支持某人。

例句：My father always sided with my sister even though he knew she was wrong.
我爸一直支持我妹，即使他知道她是错的。

632. side-swipe—hit the side of a car. 侧面撞车，（车）刮了；旁敲侧击

注解：swipe 是“刷；撞击”。字面理解“侧面撞击”，主要指车的侧面被撞了，被刮了。偶尔也可以指“侧击”，就是汉语里面的“旁敲侧击”。

例句：My car needs to be repaired. It was side-swiped by a bus on my way to work today.
我的车得修了，今天上班路上被一辆大巴撞了。

633. silver bullet—a direct and effortless solution to a problem. **高招，良方**

注解：silver 是“银器”，bullet 是“子弹”。西方人觉得银制的武器对妖魔邪恶有伤害加成，特别适用于杀狼人、吸血鬼、女巫等。在使用银器对付妖魔邪恶之前，人们尝试过各种材料的武器，发现都没有效果，直到用了银制的武器，人们才知道找到了良方，拥有了高招。

例句：The silver bullet for our organization problem came in the form of pill boxes.

我们桌面杂乱无章的完美解决方案就是小药盒。

634. simmer down—become quiet，calm. **冷静，平息下来**

注解：simmer 是“炖，慢慢煮沸”。可理解为水被慢慢煮沸后就会冷却下来。

例句：The teacher told the children to simmer down because they were too loud.

老师要孩子们冷静下来，他们太激动了。

635. sink one's teeth into—go to work seriously. **开始；全心投入**

注解：sink 是“下沉，沉没”，也可以翻译成“投入”，常与 into 搭配，译为“投入到……中去”。字面理解“把某人的牙齿沉入到……”中去，也就是“用牙咬”，或是“品尝”的意思。引申为“准备好全心投入到……中去；专注于……”。

例句：I can't wait to sink my teeth into this exciting new project.

我已经迫不及待想要开始这个项目了。

636. sink or swim—fail or succeed by your own efforts. **成败全靠自己**

注解：字面理解“下沉还是游泳”。这个表达和莎士比亚的一句名言“to be or not to be（生存还是毁灭）”的用法相同。是选择生存还是选择毁灭，这个问题完全看你自己。是选择下沉还是选择努力上游，也全靠你自己。

例句：Newcomers are not given any training，they are simply left to sink or swim.

新人没有任何训练，直接被一脚踹进水里。

637. sit right—be acceptable. 感觉对劲；可以接受的

注解：字面理解“坐在正确（的位置上）”，可以理解为因为坐得正所以坐得稳，如果某个概念坐得不稳就有可能滑落（不再被接受）。

例句：His father doesn't want him to go to a far away university. It doesn't sit right with him.

他爸不想让他去上离家远的大学，他接受不了。

638. sit tight—wait patiently. 按兵不动，待机行事

注解：tight 是形容词“紧的”，也是副词“牢固地”。字面理解“坐稳”，也就是静观其变，待机而动。

例句：Sit tight while I run back to my house and get my keys.

我回家拿钥匙，你在这里不要乱动（等我回来）。

639. sitting pretty—in a favorable situation. 处于极有利的位置；过着舒服的生活；胜券在握

注解：pretty 作为副词是“非常”，作为形容词是“美丽的，漂亮的”。字面理解“美美地正坐在那”，指的是处于一种很优越的环境中。

例句：Their team is 40 points ahead in the game. It doesn't look like they can lose. They are sitting pretty.

他们队已经领先了 40 分，不太可能输了，他们队胜券在握。

640. six feet under—dead. 死亡

注解：feet 这里指“尺，英尺”。字面理解为“6 英尺下面”。人去世之后正常的埋葬深度是 6 英尺。

例句：The old man that used to live in that house is now six feet under. He died a few months ago.

以前住在那间房子里的老人几个月前就已经死亡。

641. size up—form an opinion，assess. 估计；仔细考虑

注解：size 是“号码，大小”。up 有“放大”的意思。我们在看书的时候，有的时候字体比较小，需要用放大镜仔细观察才看得清。引申的意思就是在生活中有些事情要仔细斟酌下才可以做出判断。

例句：Before I can give you my opinion，I need to size up the situation.

在我给你我的观点之前，我需要仔细考虑一下情况。

642. skeleton in one's closet—a family secret. 不可告人的秘密

注解：skeleton 是“骨架，骷髅”，closet 是“衣柜”。字面理解为“在某人衣柜里面的骷髅”。听起来就有点毛骨悚然的感觉，大家都不知道的杀人狂在衣柜里藏了骷髅头。喻指某人的不可告人的秘密。

例句：She has always seemed distant and secretive. She has many skeletons in her closet.

她一直都很神秘，肯定藏有不可告人的秘密。

643. sky's the limit—there is no limit. 潜力无穷

注解：limit 是“极限，限制”。字面理解“天空是极限”。天空到底有多高？宇宙到底有多大？没人知道。所以天空的极限就是没有极限，对于人类的能力来讲，就是潜力无穷。

例句：If you keep developing your skills，sky's the limit.

如果你继续发展自己的技术，潜力是无穷的。

644. sleep on it—think about，consider，decide later. 深思熟虑

注解：sleep 是“睡觉”，on 是“在……方面”。连睡觉都考虑某某方面，就是深思熟虑了。

例句：Even though you want me to take the new job，I need to sleep on it before I give you my decision.

虽然你很想让我入职，但是我需要考虑清楚才能给你答案。

645. slip one's mind—be forgotten. **忘记**

注解：slip 是"滑，滑落；滑倒"。字面理解"某人的思想从脑袋里滑走了"，就是某人把什么事给忘了。

例句：I'm sorry I missed our appointment. It must have slipped my mind.
抱歉我错过了预约，一定是我忘了。

646. sleep on a clothesline – **困得哪里都能睡**

注解：clothesline 是"晾衣绳"。直译为像小龙女那样在单根晾衣绳上睡觉，但是外国人没那么文艺，实际上是说坐在椅子上的时候脸放在面前的一根晾衣绳上睡。形容实在是太困了，在哪里都能睡着。

例句：After pulling 3 all-nighters in a row，I could sleep on a clothesline.
连续通宵复习 3 天以后，我一闭眼就能呼呼大睡。

647. smells fishy—something seems to be unusual or strange. **感觉不太对头**

注解：smell 是"闻"，fishy 是"鱼腥味的；可疑的"。字面理解"闻起来可疑"，也就是嗅到了事情不太对头的味道。

例句：I knew something smelled fishy，the next design was three times over budget.
我就知道有什么地方不对劲，结果下一个设计的预算超了 3 倍。

648. smooth something over—to (pretend to) make things better，solve problems. **做表面工作；掩饰；平息**

注解：smooth 既是动词也是形容词，作为形容词是"光滑的；圆滑的；平坦的"，作为动词是"磨平；抚平；消除"。smooth over 是固定搭配有两层意思，一是"磨平表面"，也就是只做一些表面工作；另一层意思是"使事情变得平坦顺利"，也就是平息事端的意思。

例句：Even though there has been many family problems, her mother likes to smooth everything over and act like things are all good.

虽然家里出了很多问题，她母亲喜欢假装什么事都没发生。

649. smoke and mirrors—trickery or deception. **把戏，魔术，骗术**

注解：镜子和烟雾是魔术师经常用到创建魔幻效果的工具。

例句：This net cafe is just a front for the operation, nothing but smoke and mirrors.

这个网吧只是作案团伙的一个门面，幕后黑手另有其人。

650. snap out of it—free oneself from the control of panic, fear, hysteria. **振作一点**

注解：snap 是“打响指”，或是“啪的一声”。想象一下你在犯困，昏昏欲睡的时候，你的老板突然来了，这时你旁边的同事怕你挨骂在你的面前打了个响指，他是什么意思呢？就是让你精神一点。

例句：He was upset and crying so hard that he couldn't snap out of it.

他哭得太伤心振作不起来。

第十四部分　第651 – 700句

请对照相应视频学习

651. so sue me—aggressive challenge to escalate a dispute. 有本事你告我啊

注解：sue v. 控告。直译为“告我吧”，暗指态度强横，根本不在乎你的控告。

例句：I get to park wherever I feel like, if you don't like it, sue me.
　　我停个车还要你管？有本事告我去啊！

652. snowball's chance in hell—no chance at all. 没有希望

注解：snowball 是“雪球”，hell 是“地狱”。直译为“地狱里的雪球般的机会”，地狱会有雪球玩吗？当然就是没有希望。

例句：We've got a snowball's chance in hell to win the lottery next week.
　　下周我们中彩的概率根本没有。

653. sob story—sad story that makes the listener sympathetic.（不真诚的）非常悲伤的故事，催泪弹

注解：sob 的意思是“哭鼻子”。令人哭鼻子的故事一定很令人悲伤了。

例句：The boy forgot to bring in his homework. He gave his teacher a sob story and told her that his grandma died again.

那个男生忘带作业了，所以他又想放催泪弹说他姥姥死了。

654. sore loser—person who gets angry when he loses. 输不起耍赖皮（的人）

注解：sore 是“疼痛的，痛心的”。字面理解“疼痛的输家”，输惨了就要耍赖皮了。

例句：That little girl is a sore loser. She cries every time she doesn't win a game.

那个小女孩输不起耍赖皮，每次输了都哭。

655. sort of—almost，not quite，similar to. 有几分，有那么点儿；近似；在一定程度上

注解：sort 是“种类”。sort of 在口语中常用做“一点点”。

例句：I'm not sure what color this shirt is. It is sort of blue and sort of green.

我不确定这件衬衫是什么颜色的，有点蓝也有点绿。

656. sour grape—after failing to get something，declaring it to be undesirable anyway. 吃不到葡萄说葡萄酸

注解：sore 是“酸的”，grape 是“葡萄”。字面理解“酸葡萄”，实际上就是指中国的一句俗语“吃不到葡萄说葡萄酸”。

例句：People who think that English isn't useful are just sour grapes.

说英语没有用的人就是吃不到葡萄说葡萄酸。

657. spare the rod and spoil the child—children will be spoiled without punishments. 不打不成器

注解：to spare 的意思是“放过，不使用”，rod 是“杆”，spoil 的意思是“娇惯坏”。直译为“不用棍子就会惯坏孩子”，意思就是“不打不成器”。

例句：Some Chinese single kids born in the 90s are living examples of sparing the rod and spoiling the child.
中国一些90后独生子就是不打不成器的活例子。

658. spill the beans—tell a secret，inform. 泄露秘密

注解：spill是“泄露”的意思，但是为什么是漏出了豆子，就是泄漏秘密了呢？据说，古希腊一些社团收社员的办法，是让旧社员投票，把白豆放进瓶里表示赞成，红豆表示反对。由于这是秘密投票，点票前是不会知道结果的。可是，假如瓶子无意中给打翻了，豆子倒了出来，那么，“秘密”自然就泄漏了。

例句：She spilled the beans with her friends about us.
她在朋友面前泄露了我们的秘密。

659. spine chilling—terrifying，thrilling. 恐怖的

注解：spine脊柱，chilling冷冻的。字面理解为“后背冰凉的”。在日常生活中，我们在受到了惊吓后常用“后背发凉”来形容自己受惊吓的程度。

例句：I don't think that young children should see this movie. It is spine chilling.
我不觉得小孩子应该看这个电影，太恐怖了。

660. split image—exact resemblance. 一个模子里刻出来的

注解：split是从正中间“分开”，直译为“分开的影像”，指照镜子的时候以镜面为轴心两侧的像是一模一样的。

例句：The boy is the split image of his father. They look like twins.
这个男孩跟他爸就像是一个模子里刻出来的，他们像双胞胎一样。

661. split hairs—make trivial，unnecessary distinctions. 吹毛求疵

注解：字面理解为“分开头发”。据说人的头上有十万根头发，要把每根头发都分开那可真是吹毛求疵了。

例句：The lawyers were splitting hairs over the wording in the contract.

那些律师在合同上的用词上吹毛求疵。

662. split up—separate. 分开

注解：split v. 把……分开。split up 在口语中常指男女双方感情出现问题后分开。

例句：Although they have been married for over 25 years, the couple decided to split up because they could no longer get along.

虽然他们已经结婚了 25 年，他们还是因为合不来决定分开。

663. square meal—a proper meal. 饱餐，美餐

注解：square 除了正方形也有正式的意思。字面理解“正式的一顿饭”，指的是不再凑合地吃饭，而是吃一顿正餐。

例句：After weeks of scraping by, I am finally having a square meal.

吃了几个星期的泡面，我终于能美餐一顿了。

664. spruce up—clean, redecorate. 打扮干净漂亮

注解：spruce v. 打扮整齐，打扮干净。

例句：We wanted to make our home look good for the holiday party. We spent days sprucing it up.

我们想把家里为聚会装扮一下，为此我们折腾了好几天。

665. square one—in the beginning. 回到原点

注解：square 作为动词有“使……平方”，1 的平方还是 1，指没有任何变化，所以 square one 是固定搭配“原点”。口语常作 go back to square one（回到原点），也常与介词 at 连用，begin at square one（从原点开始）。

例句：Now that the computer had lost all the information in the report, we will have to begin at square one.

电脑上关于报道的信息都丢了，我们又回到原点了。

666. stab someone in the back—betray someone. **背叛**

注解：stab是“刺”。字面理解“刺某人的后背”，就是在某人后背捅刀子，表示的就是“暗算”的意思。

例句：We were always so friendly in the office. I cannot believe that he stabbed me in the back and tried to have me fired.

我们在办公室关系一直很好，我简直不敢相信他背叛了我，想让我被开除。

667. star crossed lovers—unlucky lovers. **命途多舛的爱人**

注解：人们看见这话的第一感觉可能是牛郎织女，其实不然。这句话来源于莎士比亚的罗密欧与朱丽叶，这里的cross并不是喜鹊桥梁那种浪漫的相会，而且double-cross那样背叛的意思，这里是说背叛星辰，违背天意的意思。指罗密欧与朱丽叶那样除了两人相爱以外万物都反对的爱情。

例句：The Star Wars prequels told the story of a pair of star crossed lovers, but is now the go-to example of bad romance in film.

星球大战前传电影讲述了一段不幸的爱情故事，但现在却是垃圾爱情片的反面教材。

668. stand on one's own two feet—be independent. **独立的**

注解：字面理解“依靠自己的两只脚站立”，形容靠自己的双脚站立，不依靠他人。

例句：Once he graduated from college, he was able to get a job and an apartment and he was able to stand on his own two feet.

他从大学毕业以后马上就找到了工作租了房子，自食其力。

669. stand someone up—fail to keep an appointment or date. **放鸽子**

注解：字面理解为“让某人站着”。两个人本来说好了见面，但是其中一人因故不来了，又没有事先通知。让另外一个人站着等，就是口语中常说的

“放了某人的鸽子”。

例句：They decided to meet at 6：00. She waited for him for an hour and then realized that he stood her up.

他们约在6点见面。她等了一个小时后发觉她被放鸽子了。

670. stand up guy—man of good character. 好汉，真男人，真汉子

注解：直译为“站直的男人”，就是说顶天立地的汉子，指品德过人。

例句：He's a stand up guy，you can trust him with your life.

他是个顶天立地的汉子，你可以完全相信他。

671. stand up to someone—be brave，courageously confront someone. 勇敢地面对某人

注解：字面理解“对着某人站着”。形容一个人面对另外一个人挺胸抬头站起来的场景。

例句：Even though the bully was twice his size，the boy wasn't afraid and was able to stand up to him.

尽管霸凌比他高大两倍，男孩没有退缩仍然勇敢地面对他。

672. standing on the shoulders of giants—having benefited from previous work. 站在巨人的肩膀上

注解：giant是“巨人”。字面的意思就是整个表达的意思，“站在巨人的肩膀上”。

例句：If I have seen a little further it is by standing on the shoulders of giants.

如果说我比别人看得更远，那是因为我站在巨人的肩膀上。

673. start the ball rolling—take the initiative，begin an action. 开始（做某事），使（某活动、谈话）开始起来

注解：字面理解为“开始让球滚动”，比喻让某件事开始进行。想象一下，一个在斜面上静止的球，稍微给它一点力，球就会滚动起来，形容一件事情的开始。

例句：It takes approximately one year to be accepted into that school. We completed an application to start the ball rolling.
报考进那家学校需要大概一年的时间，我们已经迈出第一步填了报考表。

674. stay away from—avoid. 躲避；离……远点

注解：stay 是动词“待，停留；保持”，away 有“远离”的含义。字面理解为“与……保持远离”。

例句：I always try to stay away from mean people.
我一般都会避开不友善的人。

675. steal someone's thunder—to take credit for someone's work. 抢了某人的风头/功劳

注解：这个表达源于 18 世纪剧作家 John Dennis，他发明的一种用于在舞台上模拟打雷声音的装置被他人山寨。本人得知后他表示：Damn them! They will not let my play run, but they steal my thunder.（该死的！他们不上我的剧还好意思盗用我的雷声。）注意这里他说的 steal my thunder 不是比喻是描述，别人真的偷了他的雷声。后来指别人效仿了某人的工作，而从中获利，邀功。thunder 是“雷声”，用来形容赫赫有名的功绩，别人偷了你的雷声，就是偷了你的功绩，也会抢走所有属于你的风头。

例句：This play really stole John's thunder.
这出剧山寨了 John 的作品。

676. stick one's neck out—look for trouble, take risks. 冒险，挺身而出

注解：这个表达中 stick 是动词“伸出”。字面理解“伸出某人的脑袋”，表示的是“为某人出头”。中国有句古话叫作“枪打出头鸟”，多一事不如少一事，日常生活中要做出头鸟，往往会很冒险，也很可能惹祸上身。

例句：Although I had nothing to do with the problem that he was having，I stuck my neck out to help him.

虽然他的问题和我无关，我仍然挺身而出去帮他。

677. stick it out—endure，continue. 忍耐

注解：这个表达中 stick 是动词“坚持”的意思。“坚持”和“忍耐”，往往如出一辙。

例句：The girl was miserable at sleep away camp but she only had one more week before it was over. She decided to stick it out and stay.

那个女孩在夏令营难受死了，但是只剩下一星期了，她决定忍耐。

678. stick to one's guns—to defend an action or an opinion despite an unfavorable reaction. 坚持己见，坚守立场

注解：在18世纪火枪刚刚被用在战场上的时候，火枪的装填速度非常慢，准确性非常差，光是远处开枪完全不能解决问题，都得冲锋拼刺刀。但是那时的刺刀是插在枪管里的，插进去就没法再开枪了，所以对方如果开始刺刀冲锋，己方通常也得停止射击开始装刺刀。如果你决定不装刺刀继续装填等敌人冲近了再放枪解决战斗，就是 to stick to your guns，用于形容在逆境也不放弃最初的决定。

例句：Everyone told me this idea was stupid. I didn't listen to them and stuck to my guns.

大家都告诉我这是个坏点子，我没听他们的，坚持己见。

679. stick up for—defend，help，support. 维护；支持；为某人辩护

注解：字面理解“为某人坚持”，表示的就是在某人有困难的时候，替他（她）说话，为他（她）辩护。

例句：Even though everyone makes fun of her friend at school，she always sticks up for her and stands by her side.

尽管学校所有的人都嘲笑她朋友，她一直支持着她，替她说话。

680. stinking rich—to be extremely rich. 超级有钱的

注解：stink 是动词“发臭”，rich 是形容词“有钱的，富有的”。汉语里面形容某人有钱会说“富得流油”，而英语里面会用“富得发臭”来形容某人超级有钱，身上充满了铜臭味。

例句：He became stinking rich from selling fake liquor.
他卖假酒当上了超级土豪。

681. straight from the horse's mouth—directly from the person involved. 来源于本人；来自权威和可靠的消息

注解：straight 作为形容词是“直的”，作为副词是“直接地”。字面理解为“直接从马的嘴里（听说的）”。该表达来自于赛马开始前邀请专家预测结果的习俗，一般来说大家觉得越是接近参赛的马匹的人应该越是了解它们的状况。这样来说一般是在最后开赛前照顾马匹的饲养员之类的最可靠，但是媒体还有一种夸大的说法就是我们直接采访了马匹，用于形容最可靠最真实的消息。

例句：Even though we all heard about the John's accident, it was nice to hear about it from John himself. We finally heard it straight from the horse's mouth.
虽然我们都听说了 John 的事故，听他自己说还是不错的，毕竟是本人。

682. straighten out—put in order. 整理，收拾

注解：straighten v. 使变直；使端正；使整洁。

例句：He spent Saturday straightening out his clothing drawers and making everything neat.
他花了整个周六把衣柜整理得有条不紊。

683. strain the leash—to be eager to do something. 迫不及待

注解：strain 是“拉，拉紧”，leash 是“拴狗带”。想象一下如果你牵着小

狗去遛弯，小狗总是会迫不及待要拉着拴狗绳往前跑。形容某人迫不及待要去做某事的状态。

例句：I've been straining the leash to get to collage.

我已经迫不及待得要开始大学生活。

684. strike while the iron is hot—take advantage of an opportunity. 趁热打铁

注解：strike 作为动词有“击打；罢工”等含义，iron 是“铁”，while 是“当……时候”，hot 是“热”。字面理解“当铁还是热的时候击打”，也就是汉语里面常说的“趁热打铁”的意思。

例句：He has been working very hard on his new business. It has been taking off and he wants to strike while the iron is hot.

他在新的生意上很用心，最近生意很好，他想趁热打铁。

685. strings attached—restraining circumstances，obligations. 潜规则；附加条款

注解：string 是“细绳，细线”，attach 是动词“附上”。你去商场买东西，售货员常常会给你推荐一个产品，在你付款之前，是不会给你描述产品表面上看不出来但是背后连带经营的其他物品或者附加条件的。

例句：He became company president，but he had to marry the owner's daughter. There were strings attached.

他当上了公司总经理，但是他必须娶老板的女儿，存在着潜规则。

686.（the truth is）stranger than fiction—the literal truth. 现实往往比小说更稀奇

注解：完整的表达为 the truth is sometimes stranger than fiction，字面理解“现实有时候比小说还奇怪”。用于说服读者相信某件令人难以置信的写实描述。

例句：In some places, the only way to pay respect to the dead is to eat them, truth is stranger than fiction.

在一些地方，对死者表示敬意的最好方式是把他们吃了，现实有的时候比小说还要奇怪。

687. such is life—accept the unpredictable nature of life. 生活就是如此

注解：也可以直接说法语 C'est la vie, That's the way it goes，或是 this is life。人生就是这样的，接受现实吧。

例句：We don't always get the things we want, no matter how hard we try, such is life.

有时候无论你多么努力也得不到想要的那个东西，生活就是如此。

688. stuffed shirt—a person who is rigid or too formal. 死脑筋；僵硬的人

注解：stuff 作为名词是“东西”，而作为动词的意思是“充填，装填”。字面理解是“被填充的衬衫”。什么情况下衬衫里面会被填满东西呢？当然是假人。这个表达是指制作稻草人的时候衬衫里填充干草的行为，指某人像稻草人一样僵硬不会变通。

例句：Ed is always serious, businesslike and never wants to relax and have a good time. He is such a stuffed shirt.

Ed 一直都很严肃，从来不放松下来，真是死脑筋。

689. survival of the fittest—the mechanism by which natural selection is proposed to function. 适者生存

注解：survival 是名词“残留物；幸存者”。fit 是“适应的”，fittest 是 fit 的最高级形式。定冠词（the）+ 形容词表示的是与这个形容词有关的一类人。如：the homeless（无家可归的人）等。字面理解“最能适应的幸存者”，也就是适者生存的意思。

例句：There is no reason to implement a basic income, it should just be survival of the fittest.

实施基本收入制度是没有理由的，应该任凭市场竞争，适者生存。

690. swan song—final appearance. 最后的表演

注解：swan 是“天鹅”。西方古代就有的传说，天鹅平时不出声，传说只有临死的时候才会唱一首美妙的歌。

例句：The actress died after completing the role in this movie. This was her swan song.

女演员演完这部电影以后就死了，这是她最后的表演。

691. sweat bullets—be nervous, be very hot. 大汗淋漓；非常担心焦虑

注解：sweat 是“汗，汗珠”，作为动词是“流汗”。bullet 是“子弹”。字面理解“汗珠子弹”，形容某人因为紧张而大量出汗，汗珠像子弹一样。

例句：I didn't know how the interview would go and was very nervous. I was sweating bullets.

我不清楚面试是什么样的，我紧张得直冒汗。

692. sweatshop—a factory that has poor conditions, long hours, low pay. 血汗工厂

注解：字面理解为“流汗的商店”。想象一下，十九世纪的劳苦大众几乎都在工厂或是车间辛苦工作，而且大部分还都是体力活，每天都会汗流浃背。

例句：I feel bad for people who have to work in that chemical plant. I have heard it is like a sweatshop in there.

我为那间化学工厂的工人感到不幸，听说那就是间血汗工厂。

693. swell—terrific. 很棒的，极好的

注解：swell 这个单词词性与词义都比较多。在口语表达中常用的是两个词性：动词“肿胀，膨胀”，形容词“很棒的，极好的”。

例句：Your boss has said great things about you. She says that you are a swell guy.
你的老板对你赞赏有加，她说你是个很棒的家伙。

694. take a beating—to suffer damage. 受伤，受打击，吃亏

注解：beat 是动词“打，打败”，beating 作为动名词的形式可以作为名词表示“打；失败”。take a beating 就是“受到了打击/失败”，也就是受挫的意思。

例句：Last year，everyone took a beating in the stock market.
去年，每个人都在股票市场上吃了大亏。

695. take a crack at—try，attempt. 尝试

注解：crack 作为名词是“击打声；噼啪声；击球声”。take 在短语中有“从事，着手”的含义，故这个表达字面理解可以为“着手弄出点动静”。日常口语中，我们说“弄出点动静”，其实并不是真的要弄出点动静，而是要把某件事情做出点成绩来，或者是闹出点事情来等。不管是哪一种情况，如果某个人想要弄出点动静来，就说明他要着手去尝试一些事情了。

例句：Even though you tried to fix the toy and couldn't，let me take a crack at it.
虽然你修不好这玩具，让我试试手。

696. take advantage of—treat unfairly for your own gain，make good use of time or conditions. 利用

注解：advantage 是“有利条件，优势”的意思。这个表达中的 take 是“抓住”，take advantage of 就是“抓住有利条件”，也就是“利用”的意思。

例句：Because I had a few days off of work，I took advantage of all the time I had a read a few books.
因为我有几天的休假，我利用这些时间看了几本书。

697. take after—resemble or act like a parent or relative. 继承

注解：这个表达中的take是“接受”的意思。字面理解为“接受随后的……”。在你出生之后，你一定会被动地接受父母给你的基因，影响你随后生活的身体条件和性格等。

例句：I see that he takes after his dad in his ability to play basketball.
他确实继承了他爸打篮球的技术。

698. take a back seat—to take a subordinate position. 坐后座；不用管

注解：字面理解为“坐后座”。公司开会，基本上都是地位高、有发言权的坐前面，坐在后排的人基本上都是没什么地位，也没有什么发言权的。坐在后排的人也就几乎不用管什么事情。

例句：She knows what she's doing so we can just take a back seat.
她知道自己在做什么，我们不用管就行。

699. take on—begin to handle，commit oneself to，accept. 接受（挑战/任务）

注解：字面可以理解为“把某事物背起来”。

例句：He took on a great challenge when he became the CEO of a bankrupt company.
他答应当一个破产公司的CEO的时候接受了一个巨大的挑战。

700. take one's hat off to someone—admire，respect，praise. 行礼；毕恭毕敬

注解：字面理解为“向某人摘下帽子”。脱帽敬礼是一种习俗，表示尊敬。

例句：I am very impressed that you actually had your book published. I take my hat off to you!
我没想到你真能出书，我向你致敬了。

第十五部分　第701－750句

请对照相应视频学习

701. take over—take control, command. 接管

注解：take理解为“接受”，over代表了一个方向。take over是一组固定搭配，表示“接受了某一方向上的事物”，就是接管了某事。

例句：When the pilot became ill, the co-pilot had to take over the controls of the aircraft.
当主飞行员生病的时候，副驾驶就得接管飞机的操控权。

702. take someone for a ride—cheat, swindle. 忽悠

注解：源于上个世纪美国黑帮的说法。直译为“带某人去兜风”，当然黑帮的人带你出去兜一圈风就不用回来了。

例句：When my car broke down for the third time, I realized that the car salesman really took me for a ride.
当我的车第三次出故障的时候，我意识到我被卖车的忽悠了。

703. take someone to the cleaners—win all of someone's money, cheat someone. 使某人输光

注解：cleaner是“清洁工；清洁机；洗衣房”。字面理解为“带某人去了洗衣房”。在赌博用语里有很多有关“清扫，清洁”的说法，主要用于形容钱

被洗得一干二净。比如说 the janitor 清洁工（最后的大赢家），to clean up 清扫（赢大头）。这里直接带某人去洗衣房意思就是把某人身上值钱的东西都洗出来。

例句：He invested money in a business deal that went bad. They took him to the cleaners.

他在一个亏本生意上投了钱，全赔进去了。

704. take something lying down—suffer without having a fight. 甘心忍受某事；逆来顺受；默默承受侮辱（或挫折、指责等）

注解：lying 是“lie（躺）”的现在进行时形式。lying down 就是“躺下”。字面理解“让某事躺下”，也就是无论什么难以忍受的事情发生，都让它平平坦坦地过去。该表达多用于否定句，表示不会承受莫须有的职责、侮辱等。注意不是躺枪的意思。

例句：Someone said the he stole money from the company. He's not going to take that lying down.

有人诬陷他从公司里偷了钱。他是不会善罢甘休的。

705. take something to heart—consider seriously. 用心考虑

注解：字面理解为“把某事带进心里”。中文里常说“对某事上点心，走点心”，也就是希望某人把你说的话带进心里好好考虑，思考一下。

例句：His parents spoke to him about improving his grades. I hope he took it to heart.

他父母和他谈了提高分数的事情，我希望他会用心考虑。

706. take a bull by the horns—take strong action. 采取主动

注解：bull 是“公牛”，horn 是“牛角”。字面理解“抓住公牛的角”。牛仔驯服小牛最有力的方式是双手抓住牛角将其向侧面摔倒。当牛仔抓住了牛角，也就占据了主动。

例句：He needs more money, so he is going to take the bull by the horns and ask for a raise.

他急着用钱，所以他要采取主动要求加薪。

707. take the Fifth—refuse to testify against oneself, as guaranteed by the Fifth Amendment to the Constitution. 保持沉默

注解：这就是电影里美国抓犯人的时候常说的“你有权保持沉默”（You have the right to remain silent）。《美国宪法第五修正案》保护人民不能被强迫成为自己的犯罪的见证人，就是不能被强迫认罪。如果嫌疑人不想认罪可以保持沉默，这种情况下如果没有其他充足的证据法院无法给嫌疑人定罪。

例句：He asked the fat girl how much she weighed. She was embarrassed and took the Fifth.

他问那个胖胖的女孩的体重，女孩保持沉默。

708. take the plunge—do something decisive. 采取断然行动；孤注一掷；决定冒险一试

注解：plunge既是动词也是名词，作为动词是“纵身一跃，跳入”，作为名词是“突然跌落”。字面理解“纵然跳进”。《神雕侠侣》中，杨过为了寻找小龙女纵然跳进了绝情谷底，最终有情人终成眷属。杨过断然跳崖的孤注一掷的举动，虽然危险，但是足够果断。take the plunge往往用来形容我们下定决心做某件高难度的事情。

例句：I realized I gained a lot of weight, so I finally took the plunge and decided to seriously go on a diet.

我意识到我胖了很多，所以我最终断然决定要认真地减肥了。

709. take the words out of someone's mouth—say something someone else was going to say. 抢别人台词

注解：这个表达中的take是“抢”的意思。字面理解“从别人嘴里抢话”，也就是口语中比较流行的“抢某人台词”的意思了。

例句：I was just going to say that he was a liar. You took the words right out of my mouth.

我正要说他撒谎，结果你先抢了我的台词。

710. take up—begin an activity or hobby. 开始从事做

注解：take在短语中出现有多种含义，包括“开始从事；着手；接受；抓；拿；服用；占用”，等等。理解时要根据语境的不同以及习惯用法来理解。take up是固定搭配，表示“开始做”，也可表示“占据（时间，地点）”的意思。如：I don't wanna take up too much of your time.（我不想占用您太多的时间。）

例句：She plans to take up golf next summer.

他打算明年夏天开始学高尔夫。

711. take with a grain of salt—listen with skepticism. 不要轻信

注解：grain是“谷粒”，a grain of是“一粒……”这个习语的字面意思是“和一撮盐一起吃下去”，为什么要与盐一起吃呢？据说这个习语要追溯到罗马时代，罗马将军庞培曾发现一种解毒剂，必须和着一小把盐才服得下去。解毒剂难咽，加了盐也许好咽些，于是这句习语用于描述对一些不靠谱的，值得怀疑的东西，得“和着盐”才能勉强接受。现在，对某件事情或某人说的话有所保留，将信将疑，持怀疑态度，就可以说take it with a grain of salt.

例句：He told me that he got all A's in college. I don't believe him. You should take it with a grain of salt.

他告诉我他在大学的成绩全是A，我不信，你也不要轻信。

712. talk through one's hat—to profess on a subject one knows nothing about. 不懂装懂着瞎说

注解：这个俗语是出自两百年前的一次美国总统竞选。在1888年，纽约的一家报纸登了一幅漫画，讽刺当时正在竞选总统的本杰明·哈里森。哈里森经常戴一顶很高的帽子，所以漫画家把他的帽子画得很大，连他的脸都给遮住了。漫画下面的注解说，当哈里森发表竞选演说的时候，他是通过他的帽子向听众说话的。西方的很多政客经常为了赢取选票表现得十分自信什么都懂，哈里森被认为是当时的典型。尽管如此，哈里森还是在那次竞选中当选为美国总统。

例句：She's always talking about how to invest in the stock market, but I think she is talking through her hat.

她总是说教别人如何在股市里赚钱，我觉得她是不懂装懂。

713. talk turkey—speak plainly. 坦率地说

注解：这个表达来源于一则有趣的小故事：一个白人和一个印第安人约定去打一天猎，然后平分猎物。分猎物时，其他的猎物的分配都没有什么困难，直到最后，还剩下最后两只：一只乌鸦（crow）和一只火鸡（turkey）。白人显得很公正地说道："你可以拿乌鸦，那么我就要火鸡；要么我要火鸡，你可以拿乌鸦"。那个印第安人说："干吗不对我直说你要火鸡呢?"

例句：If you are really serious about buying my car, let's talk turkey.

如果你真的确定要买我的车的话，我们坦率地谈一谈。

714. the dark side—referring to the same concept in Star Wars. 黑暗面

注解：《星球大战》中的概念，充斥宇宙的原力可以分为光明面和黑暗面，好人用光明面，坏人用黑暗面。当然现实里没有这么明确的好人坏人之分，也没有几个人真的觉得自己是坏人，自称黑暗面多为幽默效果。

例句：It is time to join the dark side and play on my team.

是时候加入黑暗面了，加入我们队吧！

715. tell someone off—speak to angrily. 发威；责骂；严厉批评某人

注解：字面理解"告诉某人离开"。老板发火的时候经常会说："能干就干，不能干就滚蛋！"

例句：Whenever she becomes too arrogant, it is time to tell her off.

如果她再自以为是的话就给她点颜色看看。

716. think up—invent，create. 想出；发明

注解：think 本身就是“思考”的意思，up 有“出现”的含义。think up 是一个动词短语，字面理解“考虑出”，也就是“想出，创造，发明”的意思。

例句：The theme for this year's party will not work. We need to think up a new idea.

今年的聚会主题不行，我们得想一个新的。

717. the third degree—ask sb lots of questions 盘问某人，刨根问底

注解：这个表达来源于18世纪英国的共济会（Free and Accepted Masons），共济会中有三种级别的会员，入门级，中级，及最高的“third degree”。“the third degree”字面意思是“第三级、第三程度”的意思。共济会可以简单理解为“精英俱乐部”，想成为第三级会员，智力水平和谋略水平至少也是诸葛亮级的，升级时会被轮番狂问各种问题，涉及天文地理文化政治经济文学方方面面，问到你崩溃，如果都能回答上来，就可以成为共济会最厉害级别的会员了。所以，“give sb the third degree”就代表“盘问某人”的意思。

例句：When I returned home from my date，my roommate wanted to know everything that had happened and gave me the third degree.

当我约会完回宿舍的时候，我舍友跟我刨根问底让我很难办。

718. through the grapevine—via gossip from other people. 道听途说来的

注解：美国内战时期电报线路是像葡萄藤子（grapevine）一样挂在树上走的。

例句：I heard through the grapevine that you are pregnant. Is that true?

我听说你怀孕了，是真的吗？

719. through the mill—to have a difficult time. 吃苦

注解：mill 的意思是“磨坊”，through 有“经历”的意思。形容像被石磨

碾了一样受过苦难。

例句：She's had a difficult life. She's been put through the mill.
她现在混得很差，吃足了苦头。

720. throw cold water on—discourage. 扫兴

注解：throw 是“扔；洒；泼”。字面理解“向某人身上泼冷水”，比喻扫某人的兴致。

例句：I really don't want to throw cold water on your business proposal，but I really don't think that it is a good idea.
我不想扫你的兴，但是我觉得你的商业计划很烂。

721. throw in the towel—surrender，give up. 投降；放弃

注解：throw in 是“扔进”，towel 是“毛巾”。该表达来源于拳击，把毛巾扔进赛场里表示的是投降的意思。

例句：When he realized that there was no way he was going to finish the race，he finally threw in the towel.
当他意识到他比赛没有希望的时候，他认输了。

722. throw one's weight around—use one's influence in a showy manner. 使用权势或关系产生影响

注解：字面理解“把某人的重量扔来扔去”。weight 是“体重，重量”。用于形容通过移动自身的体重就影响整条船的姿态，说明此人体重很大。当然这里不是说物理重量也不是真的船，而是一个人的权势在社会组织上的影响力。

例句：Because she was the boss's daughter，she liked throwing her weight around the office and tell everyone what to do.
因为她是老板的女儿，她喜欢在办公室里用自己的权势指挥别人。

723. throw the book at—punish severely for breaking rules or the law. **依法处置**

注解：我们都知道book是“书”的这一层含义，但是book还有另外一层名词的含义是“规章制度”。字面理解“把规章制度扔向某人”，其实可以想象成描述的是法官宣判结束以后把法律书一合然后扔在桌上的场景。

例句：They have a lot of evidence against that criminal. They are going to throw the book at him at the trial.
他们有很多犯罪的证据，他们会依法处置他。

724. tickled pink—very happy. **高兴极了**

注解：tickle是“挠痒痒”，pink在这个表达中是很满足很完美的状态。你在抓别人痒痒的时候，被抓痒痒的人是不是笑得开心得不行了？

例句：I wasn't feeling well and wanted to go home. I was tickled pink that the party had finally ended.
我感觉不舒服回家休息时发现聚会已经完了，我感到完美。

725. tide someone over—help someone through a shortage. **帮人渡过难关**

注解：tide是“潮汐”，是17世纪的时候出现的一个航海用词，表示没有风的时候船也可以跟着潮汐洋流慢慢漂到目的地。在现代的用法中可以理解为某人遇到麻烦没有风（没有自己的收入），依靠别人的潮汐（借钱/资助）来凑合航行（过日子）。

例句：Can you please loan me $10 and tide me over until I get paid next week?
你能借我10美元帮我撑到下周发工资吗?

726. tie the knot—get married. **结婚**

注解：tie既是名词也是动词，作为名词是“领带”，作为动词是“扎紧；捆绑”。所以“扎领带”的英文是“tie a tie”。knot是“绳结”。字面理解为“打结”。这个表达其实源于西方古代一个习俗，新婚夫妇要用绳子在手上连起来一年零一天不能分开才算正式结婚。后被用于表示“结婚”使用。

例句：She will tie the knot this spring.

她今年春天会结婚。

727. tied down—restricted by family or job responsibilities.（因家庭或工作）身负重担

注解：字面理解为“捆绑下降”，形容一个人被各种家庭工作负担所缠身。

例句：When you have children，pets and a mortgage，you feel tied down.

当你有了孩子、宠物和房贷，你会觉得身负重担。

728. tight squeeze—difficult situation financially. 处境困难；收紧裤腰带

注解：tight 是“拉紧”，squeeze 是“挤压”。字面理解“拉紧挤压”，形容的就是收紧裤腰带这一动作。以前的人们如果经济上有困难，就会吃不饱，肚子瘪了，就要勒紧裤腰带。后来人们把收紧裤腰带作为某人遇到经济困难，遇到经济危机的一种表达方法。

例句：I don't have the money for that now. I am in a tight squeeze.

我现在手头紧，我正在收紧裤腰带过日子。

729. tighten one's belt—economize，spend and use less. 收紧裤腰带

注解：详见 tight squeeze。

例句：Since he has taken a cut in his salary，the family has needed to tighten their belt.

自从他的薪水被降以来，他们家就收紧了裤腰带。

730. till the cows come home—for a long and indefinite time. 猴年马月

注解：直译为“等到牛回家的时候”，牛一般都是很悠闲得吃草从来不急着回家。喻指猴年马月。

例句：If you let him play video games first he won't start on the homework until the cows come home.

如果你让他先打游戏的话，他玩到猴年马月才会开始写作业。

731. tip someone off—warn, inform. 泄密

注解：tip是"给小费"。字面理解"给某人小费"，这里引申为"给某人好处"，指某人因为被给了好处，泄漏了重要信息。

例句：The burglars were arrested because the police were tipped off.

强盗被抓住了，因为警察已经被告知了。

732. to the hilt—completely, to the limit. 到头/到底

注解：hilt n. 剑柄，包括护手。指整个剑身都插了进去。

例句：He's borrowed a lot of money against his house. He is mortgaged to the hilt!

他用房子抵押借了很多钱（他全都抵押进去了）。

733. to the manner born—destined to be suited to something, by virtue of birth or custom and practice. 从小就习惯；天生就适合

注解：manner是"方式；风格；礼貌；种类"。字面理解为"生来的风格"，也就是某人生下来就有做某事该有的风格，也就是口语中常说的"天生就是那块料"。

例句：He was a gentleman to the manner born.

他是一个天生的君子。

734. to travel hopefully is a better thing than to arrive—hope and anticipation are often better than reality. 满怀希望地前进，更胜于到达目的地

注解：字面理解"满怀希望地旅行比仅仅到达要好"。

例句：Little do ye know your own blessedness; for to travel hopefully is a better thing than to arrive, and the true success is to labor
你并不知道自己有多么幸福，因为满怀希望地前进，更胜于到达目的地。真正的成功，乃是奋斗。

735. tooth and nail—as hard as possible, fiercely. 拼命，竭尽全力

注解：tooth是“牙齿”，nail是“指甲”。形容在搏斗中开始用指甲抓用牙齿咬，拼命，竭尽全力的状态。

例句：Although they were going to take that an account away from me, I fought tooth and nail to keep it.
尽管他们想把那个账号从我这里拿走，我拼命给留住了。

736. top-notch—excellent, the best. 最好的，一流的

注解：top本身就是“顶尖”的意思，notch是“等级”。字面理解“顶级的”，就是最好的。

例句：He never loses a court case. He is a top-notch attorney.
他在法院战无不胜，他是个一流的代理人。

737. topsy-turvy—upside down, in disarray. 上下颠倒/乱七八糟

注解：topsy-turvy adj. 颠倒的；乱七八糟的。topsy就是top的变种，turvy是turn的变种，也就是反转了上面的意思，就是上下颠倒。

例句：When you move from one apartment to another, everything is topsy-turvy.
当你从一个公寓搬到另一个公寓，一切都变得乱七八糟。

738. top dog—the dominant one. 一把手，领头人

注解：top本身就有“领头”的意思，dog是“狗”。字面理解为“领头狗”。这里的“狗”指的是“人”。比喻领头人都累得跟狗一样。

例句：Hawking used to be a top dog in theoretical physics.

霍金曾经是理论物理学界的领头人。

739. touch and go—very dangerous or uncertain. 危险

注解：touch and go 有多个含义，“危险”是最常用的，源于航海中船差点搁浅的情况。touch 表示擦到了礁石或者海底，go 代表船没事所以可以继续航行。

例句：She was sent to the hospital in very poor health. The doctors said that it was touch and go.

她被送去医院的时候身体很差，医生说当时情况很危险。

740. tough break—unlucky event，misfortune. 不走运

注解：tough 作为形容可以表示“坚决的；强硬的；不幸的；坚固的”等多种含义。break 作为名词也有“折断；裂缝；休息；假期；逃跑；突变”等多种含义。两个单词连接起来应该理解为“不幸的突变”，形容某人不走运，很倒霉。

例句：Breaking his leg in the middle of football season was a tough break for John.

在（橄榄球）赛季中摔断了腿，John 的运气也够差的。

741. tourist trap—any place that is overpriced and attracts tourists. 宰客；旅客陷阱

注解：tourist 是“旅游”，trap 是“陷阱”。“旅游陷阱”有效地形容出一些旅游景点用一些手段敲诈，坐地起价，宰客等黑心行为。

例句：I hate going to that resort in the summer. They charge hundreds of dollars a night for a tiny room. I think it's a tourist trap

我最讨厌去那个度假村了，一间小黑屋收几百美元，我觉得是宰客的。

742. track down—search for. 寻找，追寻

注解：to track 就是“跟踪”的意思。字面理解“追踪下去”，追踪就是寻找。

例句：The balances in both accounts are not matching. We need to track down the problem.

两个账号的余额不匹配，我们得找到问题原因。

743. treat—pay for someone else. 请客

注解：treat 有“对待；处理；看作”等含义，在口语中常用的是“请客”。“请客”在口语中的常用表达法：dinner is on me.（晚饭我请客。）my treat.（我请客。）let me buy you dinner.（让我晚上请你吃饭吧。）

例句：He really helped me complete my project，so I treated him to lunch.

他在我的项目上帮了大忙，所以我请他吃了午饭。

744. try something out—test. 尝试；测试；试穿

注解：try out = try 试一下。

例句：The store told me that we can try the mattress out for 30 days to see if we like it.

商店告诉我可以试用他们的席梦思 30 天。

745. turn one off—disgust，bore，repel. 使某人厌烦

注解：turn off 是一个固定短语，表示“关闭”。字面理解“关闭某人”，指的是某人对某件事失去了兴趣，从而感到厌烦的意思。未失去兴趣之前，身体兴趣的开关像是打开的，失去了兴趣之后就关闭了。

例句：When he started saying bad things about my sister，it really turned me off.

他说我妹妹的坏话让我感到非常厌恶。

746. turn out—result，end. 结果

注解：turn out 是固定搭配，表示“结果是”。常用句型：it turned out to be…

例句：Although the movie was boring at first，it turned out to be wonderful.

虽然这个电影一开始比较无聊，结果却是很惊艳。

747. turn over a new leaf—change one's conduct for the better. 开始新的一页

注解：turn over“使……翻转过来”，16 世纪的时候 leaf 的意思是“书页”。字面理解“翻过新的一页”，表示的是“重新开始”。

例句：My little boy has recently started lying to his mother. After I spoke with him，he told me that he is turning over a new leaf and won't do it anymore.

我儿子最近开始向我撒谎了。我和他谈话以后他答应开始新的一页以后不会再犯了。

748. turn someone down—reject. 拒绝

注解：turn down 是固定搭配表示“拒绝；调低（音量）”。

例句：Although the job interview went very well，he was turned down for the job.

虽然面试情况不错，他还是被拒绝了。

749. turn someone's stomach—get someone sick and upset. 令人作呕

注解：stomach 是“胃”，turn someone's stomach 是“搅拌别人肚子”的意思。形容肚子不舒服翻腾的那种感觉，

例句：It really turns my stomach when little children treat their elders poorly.

一些熊孩子对待长辈的方式令人作呕。

750. turn the tables—reverse the situation. 逆转局势

注解：table本意是“桌子”的意思，在这里可以理解为“棋盘”，形容下棋的时候处于劣势时，把棋盘直接转180度，互换局势。

例句：We lost the game last night, but tonight, we'll turn the tables.

我们昨晚输了，但是今晚要逆转局势。

第十六部分　第 751 - 800 句

请对照相应视频学习

751. turn to—go to for help. 找某人帮忙

注解：字面理解“转向（某人），投向（某人）”，意思是向某人求助。

例句：He was such a good friend. I always knew that I could turn to him if I needed some money.

他是我的好友，我知道需要钱的时候可以找他。

752. turn up—appear. 出现

注解：turn up 是固定搭配表示“出现；调高（音量）”。

例句：Those keys have been lost for a month. I am hoping that they turn up soon.

那些钥匙已经丢了一个月了，我估计他们马上就会自己出现了。

753. twiddle one's thumbs—not busy，not working. 闲得慌

注解：twiddle 是“摆弄，捻动”，thumb 是“大拇指”。直译为双手指交叉，大拇指相对着互相旋转。形容打发时间。

例句：Our department has gotten slow this season. All we are doing is twiddling our thumbs.

我们部门这季度很闲，大家都在打发时间。

754. twist someone around one's finger—influence someone easily. 轻易指挥某人；玩弄于股掌之间

注解：twist 是“转动；弯曲；歪曲”。字面理解“动动手指就能歪曲某人”，比喻指挥某人非常容易用小指头就可以完成，可以玩弄某人于股掌之间。

例句：He will do whatever she wants. It's amazing how she has him twisted around her little finger.
他对她言听计从。

755. two-faced—disloyal，untrustworthy. 两面派

注解：字面理解为“两面的”。

例句：She'll tell you that you have a beautiful dress，but when you leave，she'll say that you are fat and how awful it looked on you. She is two-faced.
她会当着你的面说你的裙子好看，但是背着你说你胖，根本不适合这样的裙子。她是个两面派。

756. under the table—illegal money transaction，such as paying a bribe. 桌下交易；幕后交易；秘密交易

注解：字面理解为“在桌子下面”。在桌子下面进行的交易，也就是不能见人的，而且往往是非法的。

例句：She was paid under the table and continued to collect her unemployment checks illegally.
她在暗地里收了贿赂来非法领取失业保险。

757. under the weather—not feeling well. 感觉不适

注解：字面理解为“在天气（环境）下”。在以前的航海时代，如果有人因为不适应外面的天气环境而晕船，他可以回避到船舱里，这样就能好一点。

例句：I started sneezing this morning and have had a bad headache. I am beginning to feel under the weather.

我今早开始打喷嚏和头疼，我开始感觉不适了。

758. up one's alley—something one enjoys，special interest. 非常适合某人

注解：alley是“小巷；街道”。字面理解“在某人的街道上”，指的是自己家的小巷或是街道永远都是自己非常熟悉且适合自己的。

例句：I'm going to the art museum on Sunday. I know you love to paint，so this is right up your alley.

周日我要去美术馆，我知道你爱画画，一定非常适合你。

759. up the river—in jail. 坐牢

注解：直译为“在河流上游”。源于纽约州的一间位于一条河上游的著名监狱。

例句：The judge found him guilty and he was sent up the river for 5 years.

法官判定他有罪入狱5年。

760. up to here with—disgusted with another's continual behavior. 受够了

注解：完整表达应该是had it up to here with someone，表示“受够了”。口语中表示受够了可以非常简单地说“I've had it！”，也可以说成“had it up with someone”。

例句：My phone bills are always so high. I am just up to here with them.

我的手机账单总是这么高，我受够了。

761. up to one's ears—deeply immersed in. 沉浸在某事物中；深陷于(债务等)；忙得不可开交

注解：汉语中常说“火烧眉毛”，英语中形容某人深陷于麻烦之中，或者

超级忙的时候则是用“……到了耳朵”来表示。

例句：I have a lot of folders sitting on my desk. I am up to my ears in paperwork.

我桌上摆满了文件夹，我忙得不可开交。

762. up to par—meeting normal standards. 达到标准

注解：par 源于高尔夫球，高尔夫的记分方式是一个球洞有特定的杆数，一般来说是 3 ~ 5 杆。比如这个洞是 5 杆，这就叫 par 5。如果你 4 杆打进去就是 1 under par，如果 8 杆打进去就是 3 over par。所以 par 就是普通标准。

例句：I have a headache and don't feel up to par.

我头疼，我感觉不舒服（舒服程度低于普通标准）。

763. up to someone—someone's choice. 取决于某人（的决定）

注解：up to someone 是英语口语中常用的一种表达方式，表示“听某人的”。

例句：Because it is her birthday, it is up to her what kind of birthday cake to buy.

因为是她的生日，买什么样的生日蛋糕应该听她的。

764. upset the apple cart—to cause an upset or create difficulty. 美梦破灭；搞砸计划

注解：upset 基本的意思是“使苦恼；使伤心；使难过；使生气”等，但 upset 还有“弄翻”的意思。apple cart 是装苹果的小推车。字面理解“打翻装苹果的小推车”，比喻打破某个计划，使美梦破灭。

例句：Our plans are perfect. Don't discuss them with anyone. We don't want to upset the applecart.

我们的计划很完美，别和任何人提起，我们不想搞砸计划。

765. use one's noodle (head) –to think. 动脑筋

注解：noodles 在这里是大脑的一个俗称。字面理解"用某人的脑袋"，就是"动脑筋"的意思。

例句：He wasn't using his noodle when he offered to stay and clean up the mess.
他答应留下来做值日的时候估计没用脑子。

766. walk all over someone—take advantage of someone. 欺负某人；占某人便宜

注解：字面理解"从某人的身上踩过去"，指的是"欺负某人"的意思。

例句：He loves her so much and she walks all over him.
他太爱她了，让她随便欺负。

767. walk the walk—back up one's talk with action. 说做就做，付诸行动

注解：这个表达常与 talk the talk 连用，口语中常作："I see that you can talk the talk, but can you walk the walk?"，意思就是说"你别光说不练啊"。

例句：if you're going to talk the talk, you've got to walk the walk
你别光说不练。

768. wash one's hands of—refuse responsibility for, abandon. 金盆洗手；对某事洗手不干

注解：字面理解"对于某事洗手"，也就是"拒绝，放弃做某事"的意思。

例句：If he lies or hurts you, you should wash your hands of him.
如果他骗你或者伤害你，你应该甩掉他。

769. washed up—no longer successful or needed, failed. 失败了，完蛋了

注解：wash up the shore 的简称，意思为"被海浪推到岸边"，就像死人死鱼一样。也可以理解为"……被冲走了"，总之形容某事失败了，完蛋了的

意思。

例句：Since he was arrested, his movie career is all washed up.

自从他被捕，他的电影生涯就完蛋了。

770. waste one's breath—speak or argue with no result. 浪费口舌；对牛弹琴

注解：waste 是“浪费”，breath 是“呼吸”。字面理解“浪费呼吸”，指的是浪费口舌之意。

例句：I have told her that she should stop smoking a thousand times. Don't even mention it to her, you'll be wasting your breath.

我已经让她戒烟不下 1000 次了，你就别尝试了，对牛弹琴而已。

771. water down—to make weaker or less effective. 掺水，兑水；削减；稀释

注解：字面理解“加水下去”，就是“掺水，稀释”等义。后被引申为“削减”。

例句：The amount and degree of violent scenes in the movie was watered down.

电影中暴力片段的数量和程度都被削减了。

772. wear the pants—be the boss of the family. 家中管事

注解：pants 是“裤子”。字面理解为“穿裤子”。以前欧洲女人从来不会穿裤子，只有男人穿裤子。所以“穿着裤子”的就是家里管事的人。

例句：She makes all the big decisions when it comes to finances. We all know who wears the pants in that family.

她决定家中所有财物方面的大事，所以我们都知道她在家管事。

773. weigh one's words—be careful of what one says. 谨言慎行

注解：weight 作为动词是“称重”，引申义为“掂量”。字面理解为“掂

量某人的话”。形容每一个词都要好好掂量一下才能说出来。

例句：The boss is going to interview me today. I don't want to talk too much. I should weigh my words.

老板今天就要面试我，我不应该说太多，我应该谨言慎行。

774. well-off—rich, wealthy. 有钱

例句：She has traveled extensively throughout the world. I believe she's very well-off.

她全世界都仔细游玩过，我觉得她肯定很有钱。

775. wet behind the ears—inexperienced. 乳臭未干

注解：字面理解为“耳朵后面还是湿的”。意思是说刚生下来的小孩胎水在耳朵后头还有残留，因为角落干得比较慢。后用该表达表示乳臭未干的人。

例句：He can't manage the office. He is still wet behind the ears.

他不能管理办公室，他还乳臭未干。

776. wet blanket—person who discourages others from having fun. 喜欢扫兴的人

注解：blanket 是“毯子”。字面理解为“湿毯子”。这个表达来源于一种古老的灭火方法：用打湿的毯子来灭火。后来“火”被引申成了“有兴趣做的事”，而“湿毯子”被引申成了“扫兴的人”。比喻某个扫兴的人把大家有兴趣做某件事的热情给浇灭了。

例句：She was no fun at the party. She is a wet blanket.

她在聚会上无聊死了，她真是无趣的人。

777. wet one's whistle—have a drink, especially alcohol. 润喉（用酒精饮料）

注解：whistel 通常是“口哨”的意思，这里只是指“口腔，喉咙”。字面理解为“湿润某人的喉咙”。

例句：I am so thirsty. I would like to wet my whistle.

我渴死了，得来点喝的。

778. what it takes—any ability for a job，courage. 达到目的，取得成功（或出名）的必要条件（如金钱、美貌、才智、才能、勇敢等）

注解：take 这里是“付出”的意思。字面理解为“无论付出什么”，也就是为了达到目的所要获得的必要条件。

例句：She is smart and ambitious. She certainly has what it takes to be a doctor.

她又聪明又有抱负，她有当医师的才智。

779. when the chips are down—at the worst time，when one faces the biggest obstacles. 在危机的时刻；在关键的时刻

注解：chip 是赌博时用来代替钱计算输赢的筹码。打牌的人把筹码放到赌台上，这是表示他们为这场输赢押上了多少钱的赌注，紧接下来他们就得翻牌看谁胜谁负，表示关键时刻。或者理解为一个人把筹码都花光了，形容危机时刻。

例句 1：A true friend is someone who is always there when the chips are down.

一个真正的朋友是危机时刻总是在你身边的那个。

例句 2：When the chips are down，you need to make tough decisions.

在关键的时刻，你得做一些困难的决定。

780. whistle blower—a person who tries to publicize a problem about an organization from the inside. 揭发者

注解：whistle 是“哨”，blow 是“吹”，blower 是做“吹”这个动作的人。直译为“吹哨的人”。想象一下小偷去偷东西，当然希望在安静的夜幕下行窃，不希望弄出太大动静以至暴露身份。但是如果这个时候有人吹响了哨子，就相当于揭发了小偷正在做的事。而吹哨子的人，也就相当于揭发者了。

例句：Snowden was the whistle blower who revealed the NSA's massive operation to spy on its own citizens.

斯诺登是美国国家安全局秘密情报监视项目的揭发人。

781. white as a ghost—very pale because of fear，shock，illness. 脸色苍白

注解：ghost 是“鬼”。直译为“（脸色）像鬼一样白”，形容脸色苍白。

例句：My sister became as white as a ghost when she saw the man at the window.

我妹妹看到窗外的男人后脸色变得苍白。

782. white lie—a harmless lie（told to be polite or to do something not seriously wrong）. 善意的谎言

注解：字面理解“白色的谎言”。白色代表纯洁，无恶意。

例句：I told my boss a white lie and said that I was sick yesterday when I actually wasn't.

我跟老板说了一个善意的谎言说我昨天生病了，实际上我没病。

783. wild goose chase—absurd or hopeless search. 无谓的追寻

注解：wild goose 是“野外的鹅”，chase 是“追，追求”。这个表达来自莎士比亚创建的比喻说法。这原本是一种赛马的规则，参赛马匹不是比速度而是追着其中一匹马跑，用来比喻无意义的追逐。

例句：She did not want the police to find her boyfriend so she gave them false information and sent them on a wild goose chase.

她不想警察抓到她男朋友，所以她交代了错误的信息让警察去进行无谓的追寻。

784. willy-nilly—whether one likes it or not. 无论对方是否愿意；随意的，随便的

注解1：源自于古英语的拼写和发音方式，nil 是“不愿意”，wil 是“willing”，即表示“原意”。一个愿意，一个不愿意，连接在一起表示“不管愿意不愿意”。

例句1：They would have to agree to the deal willy-nilly.
甭管他们是否愿意都得接受这笔交易。

注解2：这个表达的第二层含义是形容词，表示“随机的；混乱的；乱来的”。

例句2：The over-budget problems were caused by willy-nilly spending.
预算超标的问题就是因为胡乱花销造成的。

785. （to）win hands down—to win decisively or with little effort. 很轻易获胜；赢得很有说服力；没有争议的

注解：字面理解为“手放下获胜”。手都不用抬起就获胜了，显然是赢得非常容易。而通常很轻易获胜的比赛，说明比赛双方实力差距比较悬殊，获胜也是毫无争议的。

例句：Over 90% of the committee agreed with his strategy, he had the better plan hands down.
90%以上的成员都同意他的策略，他的策略更好毫无争议。

786. wind up—end up in some state of affair. 结束；结果

注解：这里的 wind 并不是“风”的意思，发音也不一样。wind 应读[waɪnd]，表示“卷；上发条”。理解为上了发条以后自己行动的玩具最后会跑到什么地方才停止没有人知道。

例句：I love waking up in the morning, not knowing what's gonna happen, or who I'm gonna meet, where I'm gonna wind up.
我喜欢早上醒来一切都是未知的，不知会发生什么事，或遇见什么人，会有什么样的结局。

787. wing it—rely only on one's knowledge, act without preparation. 临场发挥

注解：wing 作为名词是“翅膀”，作为动词有“即兴表演，即兴发挥”的意思。to wing it 在口语中很常用，即“即兴发挥”。

例句：They asked me to make a speech, but I did not prepare anything so I just winged it.

他们让我准备一篇演讲，我什么都没准备所以就即兴发挥了。

788. wishy-washy—having no definite opinion, unable to decide. 缺乏主见的

注解：wishy-washy 是一个复合形容词，表示“优柔寡断的，缺乏主见的”。单词后加字母 y 构成形容词在英语里比较常见，如：boss（老板）+ y = bossy（爱发号施令的）；fish（鱼）+ y = fishy（有鱼腥味的；多疑的）等。wish 是“希望”，wishy 可以理解为“希望的”，wash 是“洗”，washy 可以理解为“洗干净的”。wishy-washy 表示“刚希望就冲掉”，就是有了想法又尽快否定，再有了一些想法，又很快否定，表示“没有什么主见”。

例句：He never has his own opinion. He is very wishy-washy.

他从来也没有自己的主意，缺乏主见。

789. with a fine-toothed comb—very carefully. 仔细地

注解：comb 是“梳子”，fine-toothed comb 是“密齿梳”。字面理解为“用一个密齿梳”。以前，人们不太注意个人卫生，以至于头发上会长虱子。想要清除头上的虱子主要用密齿梳一遍又一遍地梳头发，来把头发上比较小的虱子给找出来。后来被后人用作“仔细地做某事”。

例句：She lost her earring somewhere in our house. We searched for it with a fine-toothed comb.

她的耳环丢在家里什么地方了，我们仔细地找了一遍。

790. with one's tail between one's legs—scared and ashamed in defeat. 夹着尾巴逃走的状态

注解：直译为“尾巴在两腿之间”，指狗夹着尾巴的时候尾巴通常会由体下向前卷曲，处于两腿之间的位置。

例句：As soon as their champion was defeated, the rest of them ran with their tails between their legs.

他们的老大败下以后其他人都夹着尾巴逃跑了。

791. wolf in sheep's clothing—someone with hidden malicious intent pretending to be nice. 披着羊皮的狼

注解：wolf n. 狼，clothing n. 衣物，直译为穿着羊的衣服的狼，其实就是我们说的披着羊皮的狼。

例句：People who are very nice towards you for no reason are usually wolf in sheep's clothing.

莫名其妙对你很好的人一般都是披着羊皮的狼。

792. word for word—follow someone's words precisely in reproduction. 一字不差

注解：字面理解是“字字对应”，就是“一字不差地”。用于描述翻译的话就是逐字对应着翻译。

例句：He is able to remember the constitution word by word.

他能把宪法一字不差地背下来。

793. word of mouth—recommendation from other people. 口碑

注解：字面理解“口中的话”，指的就是“口碑”。

例句：His business does not advertise. He became successful all by word of mouth.

他的生意从不打广告，能成功全靠口碑。

794. work one's fingers to the bone—work very hard. 努力工作；拼命工作

注解：bone是“骨头”。字面理解为“工作到手指只剩骨头了”，说明工作非常卖力。

例句：I had to type many pages to put this book together. I have worked my fingers to the bone.

我为了写这本书拼命工作，不知道打了多少页的字。

795. work out—find an answer，solve. 解决；算出；得到答案

注解：字面理解“工作出来”，把一个问题“工作出来”，对于已经步入社会工作的人叫“解决问题”，对于学生来说叫“算出题的答案”。单独作为名词使用。

例句：I have added these numbers three times and still get different answers. This problem can't seem to be worked out.

我都已经把这些数字加了三次了，每次都得到不同的答案。这个问题看样子是解不开的。

796. worth one's salt—to be worth one's pay. 称职；胜任；名副其实；配得上获得的薪水

注解：worth作为动词是“值得”。字面理解为“某人值得获得盐”。在罗马帝国时期当兵的收到的报酬之一就是盐。盐代表的就是钱和薪水，形容某人做的工作配得上他获得的报酬。

例句：You have to get it done by next week to be worth your salt.

你必须在下周前完成它才对得起你的薪水。

797. wrong side of the tracks—the poor section of town，implying social inferiority. 穷人区；贫民阶层

注解：以前美国很多城区是被铁路（track）划分的穷人和富人街区。所以“铁轨错的那一侧”就是穷人区。

例句：She comes from a wealthy family. Her parents did not want her to marry anyone from the wrong side of the tracks.

它来自于富裕的家庭，她父母不想她嫁给穷人阶层中的人。

798. yell bloody murder—express loud，emotional anger. 大哭大闹

注解：yell 是“喊叫”，bloody 是“该死的”，murder 是“杀人犯”。字面理解为“叫喊该死的杀人犯”。形容某人喊叫的声音就像他见到了杀人犯一样高，很吵，表示“大哭大闹”。

例句：Some babies yell bloody murder if their mothers leave them with babysitters.

有的小孩妈妈一走就要使劲哭喊。

799. You're kidding—Really? Is it true? 真的吗？你开玩笑呢吧

注解：这个表达是口语中使用频率非常高的表达。kid 作为动词是“戏弄”，就是“把某人当作小孩一样戏弄”。“you are kidding!”表示的就是：“你在戏弄我吗?”“你在跟我开玩笑吗?”“你当我小孩吗?”这个表达可以在两种情形下使用，一种是在别人对你说了一件特别不靠谱的事情，你想表达“别逗我了”的时候；另一种情形是某人做了一件很不可思议的事情，你无法相信他居然做了，表示惊讶的时候。既可以表示褒义，也可以表示贬义。

例句：You love that girl? You're kidding!

你爱那个女孩？别逗了！

800. Zig-zag—a line pattern resembling a series of Zs connected together. Z 字形来回波折的

注解：用于形容来回波折着走或者行进。

例句：Sail ships can sail against the wind by going in a zig-zag pattern.

帆船可以通过来回波折的方式逆风航行。

推荐作者得新书！

博瑞森征稿启事

亲爱的读者朋友：

感谢您选择了博瑞森图书！希望您手中的这本书能给您带来实实在在的帮助！

博瑞森一直致力于发掘好作者、好内容，希望能把您最需要的思想、方法，一字一句地交到您手中，成为管理知识与管理实践的桥梁。

但是我们也知道，有很多深入企业一线、经验丰富、乐于分享的优秀专家，或者忙于实战没时间，或者缺少专业的写作指导和便捷的出版途径，只能茫然以待……

还有很多在竞争大潮中坚守的企业，有着异常宝贵的实践经验和独特的洞察，但缺少专业的记录和整理者，无法让企业的经验和故事被更多的人了解、学习……

对读者而言，这些都太遗憾了！

博瑞森非常希望能将这些埋藏的"宝藏"发掘出来，贡献给广大读者，让更多的人从中受益。

所以，我们真心地邀请您，我们的老读者，帮我们搜寻：

推荐作者

可以是您自己或您的朋友，只要对本土管理有实践、有思考；可以是您通过网络、杂志、书籍或其他途径了解的某位专家，不管名气大小，只要他的思想和方法曾让您深受启发。

可以是管理类作品，也可以超出管理，各类优秀的社科作品或学术作品。

推荐企业

可以是您自己所在的企业，或者是您熟悉的某家企业，其创业过程、运营经历、产品研发、机制创新，等等。无论企业大小，只要乐于分享、有值得借鉴书写之处。

总之，好内容就是一切！

博瑞森绝非"自费出书"，出版费用完全由我们承担。您推荐的作者或企业案例一经采用，我们会立刻向您赠送书币 1000 元，可直接换取任何博瑞森图书的纸书或电子书。

感谢您对本土管理原创、博瑞森图书的支持！

推荐投稿邮箱：bookgood@126.com　　推荐手机：13611149991

1120 本土管理实践与创新论坛

这是由100多位本土管理专家联合创立的企业管理实践学术交流组织，旨在孵化本土管理思想、促进企业管理实践、加强专家间交流与协作。

论坛每年集中力量办好两件大事：第一，“**出一本书**”，汇聚一年的思考和实践，把最原创、最前沿、最实战的内容集结成册，贡献给读者；第二，“**办一次会**”，每年11月20日本土管理专家们汇聚一堂，碰撞思想、研讨案例、交流切磋、回馈社会。

论坛理事名单（以年龄为序，以示传承之意）

首届常务理事：

理　　事：

企业案例·老板传记

	书名．作者	内容/特色	读者价值
企业案例·老板传记	你不知道的加多宝：原市场部高管讲述 曲宗恺　牛玮娜　著	前加多宝高管解读加多宝	全景式解读，原汁原味
	借力咨询：德邦成长背后的秘密 官同良　王祥伍　著	讲述德邦是如何借助咨询公司的力量进行自身 与发展的	来自德邦内部的第一线资料，真实、珍贵，令人受益匪浅
	娃哈哈区域标杆：豫北市场营销实录 罗宏文　赵晓萌　等著	本书从区域的角度来写娃哈哈河南分公司豫北市场是怎么进行区域市场营销，成为娃哈哈全国第一大市场、全国增量第一高市场的一些操作方法	参考性、指导性，一线真实资料
	六个核桃凭什么：从0过100亿 张学军　著	首部全面揭秘养元六个核桃裂变式成长的巨著	学习优秀企业的成长路径，了解其背后的理论体系
	像六个核桃一样：打造畅销品的36个简明法则 王　超　范　萍　著	本书分上下两篇：包括“六个核桃”的营销战略历程和36条畅销法则	知名企业的战略历程极具参考价值，36条法则提供操作方法
	解决方案营销实战案例 刘祖轲　著	用10个真案例讲明白什么是工业品的解决方案式营销，实战、实用	有干货、真正操作过的才能写得出来
	招招见销量的营销常识 刘文新　著	如何让每一个营销动作都直指销量	适合中小企业，看了就能用
	我们的营销真案例 联纵智达研究院　著	五芳斋粽子从区域到全国/诺贝尔瓷砖门店销量提升/利豪家具出口转内销/汤臣倍健的营销模式	选择的案例都很有代表性，实在、实操！
	中国营销战实录：令人拍案叫绝的营销真案例 联纵智达　著	51个案例，42家企业，38万字，18年，累计2000余人次参与……	最真实的营销案例，全是一线记录，开阔眼界
	双剑破局：沈坤营销策划案例集 沈　坤　著	双剑公司多年来的精选案例解析集，阐述了项目策划中每一个营销策略的诞生过程，策划角度和方法	一线真实案例，与众不同的策划角度令人拍案叫绝、受益匪浅
	宗：一位制造业企业家的思考 杨　涛　著	1993年创业，引领企业平稳发展20多年，分享独到的心得体会	难得的一本老板分享经验的书
	简单思考：AMT咨询创始人自述 孔祥云　著	著名咨询公司（AMT）的CEO创业历程中点点滴滴的经验与思考	每一位咨询人，每一位创业者和管理经营者，都值得一读
	边干边学做老板 黄中强　著	创业20多年的老板，有经验、能写、又愿意分享，这样的书很少	处处共鸣，帮助中小企业老板少走弯路
	三四线城市超市如何快速成长：解密甘雨亭 IBMG国际商业管理集团　著	国内外标杆企业的经验+本土实践量化数据+操作步骤、方法	通俗易懂，行业经验丰富，宝贵的行业量化数据，关键思路和步骤
	中国首家未来超市：解密安徽乐城 IBMG国际商业管理集团　著	本书深入挖掘了安徽乐城超市的试验案例，为零售企业未来的发展提供了一条可借鉴之路	通俗易懂，行业经验丰富，宝贵的行业量化数据，关键思路和步骤
互联网+	新营销 刘春雄　著	新营销的新框架体系是场景是产品逻辑，IP是品牌逻辑，社群是连接逻辑，传播是营销逻辑	助力品牌商实现由传统营销到新营销的理念和行动的跨越，助力企业打赢升级转型之仗
	企业微信营销全指导 孙　巍　著	专门给企业看到的微信营销书，手把手教企业从小白到微信营销专家	企业想学微信营销现在还不晚，两眼一抹黑也不怕，有这本书就够
	企业网络营销这样做才对：B2B　大宗B2C 张　进　著	简单直白拿来就用，各种窍门信手拈来，企业网络营销不麻烦也不用再头疼，一般人不告诉他	B2B、大宗B2C企业有福了，看了就能学会网络营销

续表

互联网 +			
	书名．作者	内容/特色	读者价值
互联网+	**互联网时代的银行转型** 韩友诚　著	以大量案例形式为读者全面展示和分析了银行的互联网金融转型应对之道	结合本土银行转型发展案例的书籍
	正在发生的转型升级·实践 本土管理实践与创新论坛　著	企业在快速变革期所展现出的管理变革新成果、新方法、新案例	重点突出对于未来企业管理相关领域的趋势研判
	触发需求：互联网新营销样本·水产 何足奇　著	传统产业都在苦闷中挣扎前行，本书通过鲜活的案例告诉你如何以需求链整合供应链，从而把大家熟知的传统行业打碎了重构、重做一遍	全是干货，值得细读学习，并且作者的理论已经经过了他亲自操刀的实践检验，效果惊人，就在书中全景展示
	移动互联新玩法：未来商业的格局和趋势 史贤龙　著	传统商业、电商、移动互联，三个世界并存，这种新格局的玩法一定要懂	看清热点的本质，把握行业先机，一本书搞定移动互联网
	微商生意经：真实再现33个成功案例操作全程 伏泓霖　罗晓慧　著	本书为33个真实案例，分享案例主人公在做微商过程中的经验教训	案例真实，有借鉴意义
	阿里巴巴实战运营——14招玩转诚信通 聂志新　著	本书主要介绍阿里巴巴诚信通的十四个基本推广操作，从而帮助使用诚信通的用户及企业更好地提升业绩	基本操作，很多可以边学边用，简单易学
	互联网精准营销：创造爆发式的商业价值 蒋　军　著	怎么在互联网时代整体策划、包装品牌和产品，并在此基础上为企业设计商业模式，技术实现并运营落地	为有基础的小微企业(大企业的新项目)1年实现销售额过亿，2年对接资本，3年左右准IPO
	今后这样做品牌：移动互联时代的品牌营销策略 蒋　军　著	与移动互联紧密结合，告诉你老方法还能不能用，新方法怎么用	今后这样做品牌就对了
	互联网+"变"与"不变"：本土管理实践与创新论坛集萃·2016 本土管理实践与创新论坛　著	本土管理领域正在产生自己独特的理论和模式，尤其在移动互联时代，有很多新课题需要本土专家们一起研究	帮助读者拓宽眼界、突破思维
	创造增量市场：传统企业互联网转型之道 刘红明　著	传统企业需要用互联网思维去创造增量，而不是用电子商务去转移传统业务的存量	教你怎么在"互联网+"的海洋中创造实实在在的增量
	重生战略：移动互联网和大数据时代的转型法则 沈　拓　著	在移动互联网和大数据时代，传统企业转型如同生命体打算与再造，称之为"重生战略"	帮助企业认清移动互联网环境下的变化和应对之道
	画出公司的互联网进化路线图：用互联网思维重塑产品、客户和价值 李　蓓　著	18个问题帮助企业一步步梳理出互联网转型思路	思路清晰、案例丰富，非常有启发性
	7个转变，让公司3年胜出 李　蓓　著	消费者主权时代，企业该怎么办	这就是互联网思维，老板有能这样想，肯定倒不了
	跳出同质思维，从跟随到领先 郭　剑　著	66个精彩案例剖析，帮助老板突破行业长期思维惯性	做企业竟然有这么多玩法，开眼界

续表

行业类：零售、白酒、食品/快消品、农业、医药、建材家居等			
	书名．作者	内容/特色	读者价值
零售·超市·餐饮·服装	**总部有多强大，门店就能走多远** IBMG 国际商业管理集团　著	如何把总部做强，成为门店的坚实后盾	了解总部建设的方法与经验
	超市卖场定价策略与品类管理 IBMG 国际商业管理集团　著	超市定价策略与品类管理实操案例和方法	拿来就能用的理论和工具
	连锁零售企业招聘与培训破解之道 IBMG 国际商业管理集团　著	围绕零售企业组织架构、培训体系建设等内容进行深刻探讨	破解人才发现和培养瓶颈的关键点
	中国首家未来超市：解密安徽乐城 IBMG 国际商业管理集团　著	介绍了乐城作为中国首家未来超市从无到有的传奇经历	了解新型零售超市的运作方式及管理特色
	三四线城市超市如何快速成长：解密甘雨亭 IBMG 国际商业管理集团　著	揭秘一家三四线连锁超市的经验策略	不但可以欣赏它的优点，而且可以学会它成功的方法
	涨价也能卖到翻 村松达夫　【日】	提升客单价的 15 种实用、有效的方法	日本企业在这方面非常值得学习和借鉴
	移动互联下的超市升级 联商网专栏频道　著	深度解析超市转型升级重点	帮助零售企业把握全局、看清方向
	手把手教你做专业督导：专卖店、连锁店 熊亚柱　著	从督导的职能、作用，在工作中需要的专业技能、方法，都提供了详细的解读和训练办法，同时附有大量的表单工具	无论是店铺需要统一培训，还是个人想成为优秀的督导，有这一本就够了
	百货零售全渠道营销策略 陈继展　著	没有照本宣科、说教式的絮叨，只有笔者对行业的认知与理解，庖丁解牛式的逐项解析、展开	通俗易懂，花极少的时间快速掌握该领域的知识及趋势
	零售：把客流变成购买力 丁　昀　著	如何通过不断升级产品和体验式服务来经营客流	如何进行体验营销，国外的好经营，这方面有启发
	餐饮企业经营策略第一书 吴　坚　著	分别从产品、顾客、市场、盈利模式等几个方面，对现阶段餐饮企业的发展提出策略和思路	第一本专业的、高端的餐饮企业经营指导书
	电影院的下一个黄金十年：开发·差异化·案例 李保煜　著	对目前电影院市场存大的问题及如何解决进行了探讨与解读	多角度了解电影院运营方式及代表性案例
	赚不赚钱靠店长：从懂管理到会经营 孙彩军　著	通过生动的案例来进行剖析，注重门店管理细节方面的能力提升	帮助终端门店店长在管理门店的过程中实现经营思路的拓展与突破
耐消品	**商用车经销商运营实战** 杜建君　王朝阳　章晓青　等著	从管理到经营，从销售到服务，系统化运作全指导	为经销商经营开阔思路，掌握方法
	汽车配件这样卖：汽车后市场销售秘诀 100 条 俞士耀　著	汽配销售业务员必读，手把手教授最实用的方法，轻松得来好业绩	快速上岗，专业实效，业绩无忧
	跟行业老手学经销商开发与管理：家电、耐消品、建材家居 黄润霖　著	全部来源于经销商管理的一线问题，作者用丰富的经验将每一个问题落实到最便捷快速的操作方法上去	书中每一个问题都是普通营销人亲口提出的，这些问题你也会遇到，作者进行的解答则精彩实用

续表

白酒	**酒水饮料快消品餐饮渠道营销手册** 朱伟杰　著	主要针对快消品(酒水、饮料)的餐饮渠道,提供了区域、商圈、不同业态的规划和促销安排等多种工具,并提出了经销商、批发商等相关人员的管理方法	一本酒水饮料如何在餐饮渠道销售的全能手册,内容深入翔实,可以直接照搬套用,这样的便利简直千金不换
	白酒到底如何卖 赵海永　著	以市场实战为主,多层次、全方位、多角度地阐释了白酒一线市场操作的最新模式和方法,接地气	实操性强,37 个方法、6 大案例帮你成功卖酒
	变局下的白酒企业重构 杨永华　著	帮助白酒企业从产业视角看清趋势,找准位置,实现弯道超车的书	行业内企业要减少 90%,自己在什么位置,怎么做,都清楚了
	1. 白酒营销的第一本书(升级版) **2. 白酒经销商的第一本书** 唐江华　著	华泽集团湖南开口笑公司品牌部长,擅长酒类新品推广、新市场拓展	扎根一线,实战
	区域型白酒企业营销必胜法则 朱志明　著	为区域型白酒企业提供 35 条必胜法则,在竞争中赢销的葵花宝典	丰富的一线经验和深厚积累,实操实用
	10 步成功运作白酒区域市场 朱志明　著	白酒区域操盘者必备,掌握区域市场运作的战略、战术、兵法	在区域市场的攻伐防守中运筹帷幄,立于不败之地
	酒业转型大时代:微酒精选 2014 - 2015 微酒　主编	本书分为五个部分:当年大事件、那些酒业营销工具、微酒独立策划、业内大调查和十大经典案例	了解行业新动态、新观点,学习营销方法
快消品·食品	**中国快消品营销的这些年** 史贤龙　著	作者精华文章的合集,一本书浓缩了过去十五年,中国营销的实战历程与前沿思考	快消品营销行业的案例和方法都原汁原味呈现,在反映当时风貌的同时,展望与反思
	营销中国茶:2 小时读懂茶叶营销 史贤龙　著	从不同视角对中国的茶营销进行了思考,内容涉及中国茶产业战略困境、茶企规模化、茶品牌崛起、茶文化、茶营销、茶消费、茶零售、茶道等	内容丰富扎实,文字流畅,浓缩的都是精华,让你 2 小时读懂茶叶营销
	这样打造快消品标杆市场 罗宏文　著	帮助你解决如何成功打造标杆市场和进行持续增量管理两大问题	一套系统的方法论,通俗易懂,可以直接套用
	5 小时读懂快消品营销:中国快消品案例观察 陈海超　著	多年营销经验的一线老手把案例掰开了、揉碎了,从中得出的各种手段和方法给读者以帮助和启发	营销那些事儿的个中秘辛,求人还不一定告诉你,这本书里就有
	快消品招商的第一本书:从入门到精通 刘　雷　著	深入浅出,不说废话,有工具方法,通俗易懂	让零基础的招商新人快速学习书中最实用的招商技能,成长为骨干人才
	乳业营销第一书 侯军伟　著	对区域乳品企业生存发展关键性问题的梳理	唯一的区域乳业营销书,区域乳品企业一定要看
	食用油营销第一书 余　盛　著	10 多年油脂企业工作经验,从行业到具体实操	食用油行业第一书,当之无愧
	中国茶叶营销第一书 柏　龑　著	如何跳出茶行业"大文化小产业"的困境,作者给出了自己的观察和思考	不是传统做茶的思路,而是现在商业做茶的思路
	调味品营销第一书 陈小龙　著	国内唯一一本调味品营销的书	唯一的调味品营销的书,调味品的从业者一定要看
	快消品营销人的第一本书:从入门到精通 刘　雷　伯建新　著	快消行业必读书,从入门到专业	深入细致,易学易懂
	变局下的快消品营销实战策略 杨永华　著	通胀了,成本增加,如何从被动应战变成主动的"系统战"	作者对快消品行业非常熟悉、非常实战

续表

快消品·食品	**快消品经销商如何快速做大** 杨永华　著	本书完全从实战的角度，评述现象，解析误区，揭示原理，传授方法	为转型期的经销商提供了解决思路，指出了发展方向
	一位销售经理的工作心得 蒋　军　著	一线营销管理人员想提升业绩却无从下手时，可以看看这本书	一线的真实感悟
	快消品营销：一位销售经理的工作心得2 蒋　军　著	快消品、食品饮料营销的经验之谈，重点图书	来源与实战的精华总结
	快消品营销与渠道管理 谭长春　著	将快消品标杆企业渠道管理的经验和方法分享出来	可口可乐、华润的一些具体的渠道管理经验，实战
	成为优秀的快消品区域经理（升级版） 伯建新　著	用"怎么办"分析区域经理的工作关键点，增加30%全新内容，更贴近环境变化	可以作为区域经理的"速成催化器"
	销售轨迹：一位快消品营销总监的拼搏之路 秦国伟　著	本书讲述了一个普通销售员打拼成为跨国企业营销总监的真实奋斗历程	激励人心，给广大销售员以力量和鼓舞
	快消老手都在这样做：区域经理操盘锦囊 方　刚　著	非常接地气，全是多年沉淀下来的干货，丰富的一线经验和实操方法不可多得	在市场摸爬滚打的"老油条"，那些独家绝招妙招一般你问都是问不来的
	动销四维：全程辅导与新品上市 高继中　著	从产品、渠道、促销和新品上市详细讲解提高动销的具体方法，总结作者18年的快消品行业经验，方法实操	内容全面系统，方法实操
农业	**新农资如何换道超车** 刘祖轲　等著	从农业产业化、互联网转型、行业营销与经营突破四个方面阐述如何让农资企业占领先机、提前布局	南方略专家告诉你如何应对资源浪费、生产效率低下、产能严重过剩、价格与价值严重扭曲等
	中国牧场管理实战：畜牧业、乳业必读 黄剑黎　著	本书不仅提供了来自一线的实际经验，还收入了丰富的工具文档与表单	填补空白的行业必读作品
	中小农业企业品牌战法 韩　旭　著	将中小农业企业品牌建设的方法，从理论讲到实践，具有指导性	全面把握品牌规划，传播推广，落地执行的具体措施
	农资营销实战全指导 张　博　著	农资如何向"深度营销"转型，从理论到实践进行系统剖析，经验资深	朴实、使用！不可多得的农资营销实战指导
	农产品营销第一书 胡浪球　著	从农业企业战略到市场开拓、营销、品牌、模式等	来源于实践中的思考，有启发
	变局下的农牧企业9大成长策略 彭志雄　著	食品安全、纵向延伸、横向联合、品牌建设……	唯一的农牧企业经营实操的书，农牧企业一定要看
医药	**在中国，医药营销这样做：时代方略精选文集** 段继东　主编	专注于医药营销咨询15年，将医药营销方法的精华文章合编，深入全面	可谓医药营销领域的顶尖著作，医药界读者的必读书
	医药新营销：制药企业、医药商业企业营销模式转型 史立臣　著	医药生产企业和商业企业在新环境下如何做营销？老方法还有没有用？如何寻找新方法？新方法怎么用？本书给你答案	内容非常现实接地气，踏实谈问题说方法
	医药企业转型升级战略 史立臣　著	药企转型升级有5大途径，并给出落地步骤及风险控制方法	实操性强，有作者个人经验总结及分析
	新医改下的医药营销与团队管理 史立臣　著	探讨新医改对医药行业的系列影响和医药团队管理	帮助理清思路，有一个框架
	医药营销与处方药学术推广 马宝琳　著	如何用医学策划把"平民产品"变成"明星产品"	有真货、讲真话的作者，堪称处方药营销的经典！
	医药行业大洗牌与药企创新 林延君　沈　斌　著	一方面，围绕着变革，多角度阐述药企的应对之道；另一方面，紧扣实践，介绍近百家医药企业创新实践案例	医改变革10年，医药企业如何应对大洗牌？重磅出击的药企人必读书
	新医改了，药店就要这样开 尚　锋　著	药店经营、管理、营销全攻略	有很强的实战性和可操作性

续表

医药	**电商来了,实体药店如何突围** 尚　锋　著	电商崛起,药店该如何突围?本书从促销、会员服务、专业性、客单价等多重角度给出了指导方向	实战攻略,拿来就能用
	OTC 医药代表药店销售 36 计 鄢圣安　著	以《三十六计》为线,写 OTC 医药代表向药店销售的一些技巧与策略	案例丰富,生动真实,实操性强
	OTC 医药代表药店开发与维护 鄢圣安　著	要做到一名专业的医药代表,需要做什么、准备什么、知识储备、操作技巧等	医药代表药店拜访的指导手册,手把手教你快速上手
	引爆药店成交率 1:店员导购实战 范月明　著	一本书解决药店导购所有难题	情景化、真实化、实战化
	引爆药店成交率 2:经营落地实战 范月明　著	最接地气的经营方法全指导	揭示了药店经营的几类关键问题
	引爆药店成交率:专业化销售解决方案 范月明　著	药品搭配分析与关联销售	为药店人专业化助力
	处方药零售这样做 田　军　著	阐述了处方药零售的重要性,以及做处方药零售市场的具体措施和方法	系统性了解和掌握处方药零售方法
建材家居	**成为最赚钱的家具建材经销商** 李治江　著	从销售模式、产品、门店等老板们最关注和最需要的方面解决问题、提供方法	只要你是建材、家具、家居用品的经销商老板,这就是一本必读的书
	家具行业操盘手 王献永　著	家具行业问题的终结者	解决了干家具还有没有前途?为什么同城多店的家具经销商很难做大做强等问题
	建材家居营销:除了促销还能做什么 孙嘉晖　著	一线老手的深度思考,告诉你在建材家居营销模式基本停滞的今天,除了促销,营销还能怎么做	给你的想法一场革命
	建材家居营销实务 程绍珊　杨鸿贵　主编	价值营销运用到建材家居,每一步都让客户增值	有自己的系统、实战
	家居建材门店 6 力爆破 贾同领　著	合盘道出一线品牌销量秘籍	6 力招招见血,既有招数,又有策略
	建材家居门店销量提升 贾同领　著	店面选址、广告投放、推广助销、空间布局、生动展示、店面运营等	门店销量提升是一个系统工程,非常系统、实战
	10 步成为最棒的建材家居门店店长 徐伟泽　著	实际方法易学易用,让员工能够迅速成长,成为独当一面的好店长	只要坚持这样干,一定能成为好店长
	手把手帮建材家居导购业绩倍增:成为顶尖的门店店员 熊亚柱　著	生动的表现形式,让普通人也能成为优秀的导购员,让门店业绩长红	读着有趣,用着简单,一本在手、业绩无忧
	建材家居经销商实战 42 章经 王庆云　著	告诉经销商:老板怎么当、团队怎么带、生意怎么做	忠言逆耳,看着不舒服就对了,实战总结,用一招半式就值了
工业品	**销售是门专业活:B2B 、工业品** 陆和平　著	销售流程就应该跟着客户的采购流程和关注点的变化向前推进,将一个完整的销售过程分成十个阶段,提供具体方法	销售不是请客吃饭拉关系,是个专业的活计!方法在手,走遍天下不愁
	解决方案营销实战案例 刘祖轲　著	用 10 个真案例讲明白什么是工业品的解决方案式营销,实战、实用	有干货、真正操作过的才能写得出来
	变局下的工业品企业 7 大机遇 叶敦明　著	产业链条的整合机会、盈利模式的复制机会、营销红利的机会、工业服务商转型机会……	工业品企业还可以这样做,思维大突破
	工业品市场部实战全指导 杜　忠　著	工业品市场部经理工作内容全指导	系统、全面、有理论、有方法,帮助工业品市场部经理更快提升专业能力

续表

工业品	工业品营销管理实务 李洪道　著	中国特色工业品营销体系的全面深化、工业品营销管理体系优化升级	工具更实战，案例更鲜活，内容更深化
	工业品企业如何做品牌 张东利　著	为工业品企业提供最全面的品牌建设思路	有策略、有方法、有思路、有工具
	丁兴良讲工业 4.0 丁兴良　著	没有枯燥的理论和说教，用朴实直白的语言告诉你工业 4.0 的全貌	工业 4.0 是什么？本书告诉你答案
	资深大客户经理：策略准，执行狠 叶敦明　著	从业务开发、发起攻势、关系培育、职业成长四个方面，详述了大客户营销的精髓	满满的全是干货
	一切为了订单：订单驱动下的工业品营销实战 唐道明　著	其实，所有的企业都在围绕着两个字在开展全部的经营和管理工作，那就是“订单”	开发订单、满足订单、扩大订单。本书全是实操方法，字字珠玑、句句干货，教你获得营销的胜利
金融	交易心理分析 (美)马克·道格拉斯　著 刘真如　译	作者一语道破赢家的思考方式，并提供了具体的训练方法	不愧是投资心理的第一书，绝对经典
	精品银行管理之道 崔海鹏　何　屹　主编	中小银行转型的实战经验总结	中小银行的教材很多，实战类的书很少，可以看看
	支付战争 Eric M. Jackson　著 徐　彬　王　晓　译	PayPal 创业期营销官，亲身讲述 PayPal 从诞生到壮大到成功出售的整个历史	激烈、有趣的内幕商战故事！了解美国支付市场的风云巨变
	中外并购名著专业阅读指南 叶兴平　等著	在 5000 多本并购类图书中精选的 200 著作，在阅读的基础上写的读书评价	精挑细选 200 本并一一评介，省去读者挑选的烦恼，快捷、高效
	互联网时代的银行转型 韩友诚　著	以大量案例形式为读者全面展示和分析了银行的互联网金融转型应对之道	结合本土银行转型发展案例的书籍
房地产	产业园区/产业地产规划、招商、运营实战 阎立忠　著	目前中国第一本系统解读产业园区和产业地产建设运营的实战宝典	从认知、策划、招商到运营全面了解地产策划
	人文商业地产策划 戴欣明　著	城市与商业地产战略定位的关键是不可复制性，要发现独一无二的“味道”	突破千城一面的策划困局
	电影院的下一个黄金十年：开发·差异化·案例 李保煜　著	对目前电影院市场存大的问题及如何解决进行了探讨与解读	多角度了解电影院运营方式及代表性案例
能源	全能型班组：城市能源互联网与电力班组升级 国网天津市电力公司　编著	借鉴国内外优秀企业的转型升级思路，通过对于新型班组组织模式和运行机制的大胆设想，力图构建充分适应内外环境变化的全能型班组	看看庞大的国企在新环境下是如何顺应时代的
	国网天津电力全能型班组建设实务 国网天津市电力公司　编著	本书聚焦于天津电力公司在探索全能型班组转型升级时的优秀实践	电力行业的班组实践，具体、可操作性强

经营类：企业如何赚钱，如何抓机会，如何突破，如何“开源”

书名．作者		内容/特色	读者价值
抓方向	让经营回归简单．升级版 宋新宇　著	化繁为简抓住经营本质：战略、客户、产品、员工、成长	经典，做企业就这几个关键点！
	混沌与秩序Ⅰ：变革时代企业领先之道 混沌与秩序Ⅱ：变革时代管理新思维 彭剑锋　尚艳玲　主编	汇集华夏基石专家团队 10 年来研究成果，集中选择了其中的精华文章编纂成册	作者都是既有深厚理论积淀又有实践经验的重磅专家，为中国企业和企业家的未来提出了高屋建瓴的观点
	活系统：跟任正非学当老板 孙行健　尹　贤　著	以任正非的独到视角，教企业老板如何经营公司	看透公司经营本质，激活企业活力

续表

抓方向	**重构:快消品企业重生之道** 杨永华　著	从7个角度,帮助企业实现系统性的改造	提供转型思想与方法,值得参考
	公司由小到大要过哪些坎 卢　强　著	老板手里的一张“企业成长路线图”	现在我在哪儿,未来还要走哪些路,都清楚了
	企业二次创业成功路线图 夏惊鸣　著	企业曾经抓住机会成功了,但下一步该怎么办?	企业怎样获得第二次成功,心里有个大框架了
	老板经理人双赢之道 陈　明　著	经理人怎养选平台、怎么开局,老板怎样选/育/用/留	老板生闷气,经理人牢骚大,这次知道该怎么办了
	简单思考:AMT咨询创始人自述 孔祥云　著	著名咨询公司(AMT)的CEO创业历程中点点滴滴的经验与思考	每一位咨询人,每一位创业者和管理经营者,都值得一读
	企业文化的逻辑 王祥伍　黄健江　著	为什么企业绩效如此不同,解开绩效背后的文化密码	少有的深刻,有品质,读起来很流畅
	使命驱动企业成长 高可为　著	钱能让一个人今天努力,使命能让一群人长期努力	对于想做事业的人,‘使命’是绕不过去的
思维突破	**盈利原本就这么简单** 高可为　著	从财务的角度揭示企业盈利的秘密	多方面解读商业模式与盈利的关系,通俗易懂,受益匪浅
	移动互联新玩法:未来商业的格局和趋势 史贤龙　著	传统商业、电商、移动互联,三个世界并存,这种新格局的玩法一定要懂	看清热点的本质,把握行业先机,一本书搞定移动互联网
	画出公司的互联网进化路线图:用互联网思维重塑产品、客户和价值 李　蓓　著	18个问题帮助企业一步步梳理出互联网转型思路	思路清晰、案例丰富,非常有启发性
	重生战略:移动互联网和大数据时代的转型法则 沈　拓　著	在移动互联网和大数据时代,传统企业转型如同生命体打算与再造,称之为“重生战略”	帮助企业认清移动互联网环境下的变化和应对之道
	创造增量市场:传统企业互联网转型之道 刘红明　著	传统企业需要用互联网思维去创造增量,而不是用电子商务去转移传统业务的存量	教你怎么在“互联网+”的海洋中创造实实在在的增量
	7个转变,让公司3年胜出 李　蓓　著	消费者主权时代,企业该怎么办	这就是互联网思维,老板有能这样想,肯定倒不了
	跳出同质思维,从跟随到领先 郭　剑　著	66个精彩案例剖析,帮助老板突破行业长期思维惯性	做企业竟然有这么多玩法,开眼界
	麻烦就是需求　难题就是商机 卢根鑫　著	如何借助客户的眼睛发现商机	什么是真商机,怎么判断、怎么抓,有借鉴
	互联网+“变”与“不变”:本土管理实践与创新论坛集萃·2016 本土管理实践与创新论坛　著	加速本土管理思想的孕育诞生,促进本土管理创新成果更好地服务企业、贡献社会	各个作者本年度最新思想,帮助读者拓宽眼界、突破思维
	消费刀级:实践　研究(文集) 本土管理实践与创新论坛　著	38位管理专家及7位学者的精华思想,从经营、管理、行业及思想研究四个方面阐述中国企业在消费升级下的实践与研究	思想启发,行业借鉴
财务	**写给企业家的公司与家庭财务规划——从创业成功到富足退休** 周荣辉　著	本书以企业的发展周期为主线,写各阶段企业与企业主家庭的财务规划	为读者处理人生各阶段企业与家庭的财务问题提供建议及方法,让家庭成员真正享受财富带来的益处
	互联网时代的成本观 程　翔　著	本书结合互联网时代提出了成本的多维观,揭示了多维组合成本的互联网精神和大数据特征,论述了其产生背景、实现思路和应用价值	在传统成本观下为盈利的业务,在新环境下也许就成为亏损业务。帮助管理者从新的角度来看待成本,进一步做好精益管理

续表

财务	财报背后的投资机会 蒋　豹　著	以具体的公司案例分析，教你迅速看出财务报表与企业经营的关系、所反映的企业经营现状，从而找到投资机会	前四大会计所员工为读者解密财报，发现投资机会

管理类：效率如何提升，如何实现经营目标，如何“节流”

	书名．作者	内容/特色	读者价值
通用管理	让管理回归简单・升级版 宋新宇　著	从目标、组织、决策、授权、人才和老板自己层面教你怎样做管理	帮助管理抓住管理的要害，让管理变得简单
	让经营回归简单・升级版 宋新宇　著	从战略、客户、产品、员工、成长、经营者自身等七个方面，归纳总结出简单有效的经营法则	总结出的真正优秀企业的成功之道：简单
	让用人回归简单 宋新宇　著	从用人的原则、用人的难题与误区、用人的方法和用人者的修炼四大方面，总结出适合中小企业做好人才管理工作的法则	帮助管理者抓住用人的要害，让用人变得简单
	历史深处的管理智慧1：组织建设与用人之道 刘文瑞　著	对历史之典故、政事、人事、政制进行管理解析，鉴照企业人才的选用育留	推动理论与实践的对接，实现理性与情感的渗透，用中国话语说明管理智慧
	历史深处的管理智慧2：战略决策与经营运作 刘文瑞 著	对历史之典故、政事、人事、政制进行管理解析，鉴照企业战略设计与经营实践	推动理论与实践的对接，实现理性与情感的渗透，用中国话语说明管理智慧
	历史深处的管理智慧3：领导修炼与文化素养 刘文瑞　著	对历史之典故、政事、人事、政制进行管理解析，鉴照企业领导职业能力提升与文化修养	推动理论与实践的对接，实现理性与情感的渗透，用中国话语说明管理智慧
	管理的尺度 刘文瑞　著	对管理中的种种普遍性问题进行了批评	提高把握管理尺度的能力
	管理学在中国 刘文瑞　著	系统性介绍了管理学在中国的发展和演变	了解管理学在中国的发展脉络，更清晰理解管理学的本质
	看电影，懂管理 刘文瑞　著	16部经典电影，带你感悟管理智慧	能够帮助读者放松身心，驰骋想象，在不知不觉中增长智慧
	管理：以规则驾驭人性 王春强　著	详细解读企业规则的制定方法	从人与人博弈角度提升管理的有效性
	员工心理学超级漫画版 邢　雷　著	以漫画的形式深度剖析员工心理	帮助管理者更了解员工，从而更轻松地管理员工
	老板有想法，高层有干法：企业中的将帅之道 王清华　著	深入剖析老板与高管的异同	各司其职，各行其是，相辅相成
	分股合心：股权激励这样做 段磊　周剑　著	通过丰富的案例，详细介绍了股权激励的知识和实行方法	内容丰富全面、易读易懂，了解股权激励，有这一本就够了
	边干边学做老板 黄中强　著	创业20多年的老板，有经验、能写、又愿意分享，这样的书很少	处处共鸣，帮助中小企业老板少走弯路
	成为敏感而体贴的公司 王　涛　著	本书为作者对企业的观察和冥想的随笔记录。从生活中的一个现象入手，进而探索现象背后的本质	从全新角度认识公司
	中国企业的觉醒：正直 善良 成长 王　涛　著	围绕着企业人如何发生转化展开，对中国人、中国文化及由此导致的企业现状的观察和思考	企业除了要利润，还需要道德
	有意识的思考：轻松化解问题的7个思考习惯 王　涛　著	本书是对思想、思考过程、思考方式进行的细致观察	养成好的思考习惯，更深刻地看问题
	中国式阿米巴落地实践之从交付到交易 胡八一　著	本书主要讲述阿米巴经营会计，“从交付到交易”，这是成功实施了阿米巴的标志	阿米巴经营会计的工作是有逻辑关联的，一本书就能搞定

续表

通用管理	**中国式阿米巴落地实践之激活组织** 胡八一　著	重点讲解如何科学划分阿米巴单元,阐述划分的实操要领、思路、方法、技术与工具	最大限度减少"推行风险"和"摸索成本",利于公司成功搭建适合自身的个性化阿米巴经营体系
	中国式阿米巴落地实践之持续盈利 胡八一　著	把企业做成平台,企业才能做大(格局);把平台做成阿米巴,企业才能做强(专业);把阿米巴做成合伙制,企业才能做久(机制)	中国式阿米巴落地实践三部曲的最后一部,告诉你企业如何做大做强做久
	集团化企业阿米巴实战案例 初勇钢　著	一家集团化企业阿米巴实施案例	指导集团化企业系统实施阿米巴
	阿米巴经营的中国模式 李志华　著	让员工从"要我干"到"我要干",价值量化出来	阿米巴在企业如何落地,明白思路了
	欧博心法:好管理靠修行 曾　伟　著	用佛家的智慧,深刻剖析管理问题,见解独到	如果真的有'中国式管理',曾老师是其中标志性人物
	领导这样点燃你的下属 孟广桥　著	领导者如何才能让员工积极主动地工作? 如何让你的员工和下属保持工作的热情,自动自发? 看了这本书就知道	只要你希望手下的"兵将"永远充满工作的斗志,这本书将使你获益良多
流程管理	**1. 用流程解放管理者** **2. 用流程解放管理者 2** 张国祥　著	中小企业阅读的流程管理、企业规范化的书	通俗易懂,理论和实践的结合恰到好处
	跟我们学建流程体系 陈立云　著	畅销书《跟我们学做流程管理》系列,更实操,更细致,更深入	更多地分享实践,分享感悟,从实践总结出来的方法论
	人人都要懂流程 金国华　余雅丽　著	当前各企业流程管理方面最为典型的痛点现象及问题案例	通俗易懂,适合企业全员阅读
质量管理	IATF16949 质量管理体系详解与案例文件汇编:TS16949 转版 IATF16949:2016 谭洪华　著	针对 IATF 的新标准做了详细的解说,同时指出了一些推行中容易犯的错误,提供了大量的表单、案例	案例、表单丰富,拿来就用
	五大质量工具详解及运用案例:APQP/FMEA/PPAP/MSA/SPC 谭洪华　著	对制造业必备的五大质量工具中每个文件的制作要求、注意事项、制作流程、成功案例等进行了解读	通俗易懂、简便易行,能真正实现学以致用
	ISO9001:2015 新版质量管理体系详解与案例文件汇编 谭洪华　著	紧密围绕 2015 年新版质量管理体系文件逐条详细解读,并提供可以直接套用的案例工具,易学易上手	企业质量管理认证、内审必备
	ISO14001:2015 新版环境管理体系详解与案例文件汇编 谭洪华　著	紧密围绕 2015 年新版环境管理体系文件逐条详细解读,并提供可以直接套用的案例工具,易学易上手	企业环境管理认证、内审必备
	SA8000:2014 社会责任管理体系认证实战 吕　林　著	作者根据自己的操作经验,按认证的流程,以相关案例进行说明 SA8000 认证体系	简单,实操性强,拿来就能用
	精益质量管理实战工具 贺小林　著	制造类企业日常工作中所需要的精益管理工具的归纳整理,并进行案例操作的细致分析	可以直接参考,实际解决生产中的具体问题
战略落地	**重生——中国企业的战略转型** 施　炜　著	从前瞻和适用的角度,对中国企业战略转型的方向、路径及策略性举措提出了一些概要性的建议和意见	对企业有战略指导意义
	公司大了怎么管:从靠英雄到靠组织 AMT 金国华　著	第一次详尽阐释中国快速成长型企业的特点、问题及解决之道	帮助快速成长型企业领导及管理团队理清思路,突破瓶颈

续表

战略落地	**低效会议怎么改:每年节省一半会议成本的秘密** AMT 王玉荣　著	教你如何系统规划公司的各级会议,一本工具书	教会你科学管理会议的办法
	年初订计划,年尾有结果:战略落地七步成诗 AMT 郭晓　著	7 个步骤教会你怎么让公司制定的战略转变为行动	系统规划,有效指导计划实现
人力资源	**HRBP 是这样炼成的之"菜鸟起飞"** 新　海　著	以小说的形式,具体解析 HRBP 的职责,应该如何操作,如何为业务服务	实践者的经验分享,内容实务具体,形式有趣
	HRBP 是这样炼成的之中级修炼 新　海　著	本书以案例故事的方式,介绍了 HRBP 在实际工作中碰到的问题和挑战	书中的 HR 解决方案讲究因时因地制宜、简单有效的原则,重在启发读者思路,可供各类企业 HRBP 借鉴
	HRBP 是这样炼成的之高级修炼 新　海　著	以故事的形式,展现了 HRBP 工作者在职业发展路上的层层深入和递进	为读者提供 HRBP 在实际工作中遇到种种问题的解决方案
	把面试做到极致:首席面试官的人才甄选法 孟广桥　著	作者用自己几十年的人力资源经验总结出的一套实用的确定岗位招聘标准、提升面试官技能素质的简便方法	面试官必备,没有空泛理论,只有巧妙的实操技能
	人力资源体系与 e-HR 信息化建设 刘书生　陈　莹　王美佳　著	将作者经历的人力资源管理变革、人力资源管理信息化咨询项目方法论、工具和成果全面展现给读者,使大家能够将其快速应用到管理实践中	系统性非常强,没有废话,全部是浓缩的干货
	回归本源看绩效 孙　波　著	让绩效回顾"改进工具"的本源,真正为企业所用	确实是来源于实践的思考,有共鸣
	世界 500 强资深培训经理人教你做培训管理 陈　锐　著	从 7 大角度具体细致地讲解了培训管理的核心内容	专业、实用、接地气
	曹子祥教你做激励性薪酬设计 曹子祥　著	以激励性为指导,系统性地介绍了薪酬体系及关键岗位的薪酬设计模式	深入浅出,一本书学会薪酬设计
	曹子祥教你做绩效管理 曹子祥　著	复杂的理论通俗化,专业的知识简单化,企业绩效管理共性问题的解决方案	轻松掌握绩效管理
	把招聘做到极致 远　鸣　著	作为世界 500 强高级招聘经理,作者数十年招聘经验的总结分享	带来职场思考境界的提升和具体招聘方法的学习
	人才评价中心 . 超级漫画版 邢　雷　著	专业的主题,漫画的形式,只此一本	没想到一本专业的书,能写成这效果
	走出薪酬管理误区 全怀周　著	剖析薪酬管理的 8 大误区,真正发挥好枢纽作用	值得企业深读的实用教案
	集团化人力资源管理实践 李小勇　著	对搭建集团化的企业很有帮助,务实,实用	最大的亮点不是理论,而是结合实际的深入剖析
	我的人力资源咨询笔记 张　伟　著	管理咨询师的视角,思考企业的 HR 管理	通过咨询师的眼睛对比很多企业,有启发
	本土化人力资源管理 8 大思维 周　剑　著	成熟 HR 理论,在本土中小企业实践中的探索和思考	对企业的现实困境有真切体会,有启发

续表

企业文化	**36个拿来就用的企业文化建设工具** 海融心胜　主编	数十个工具，为了方便拿来就用，每一个工具都严格按照工具属性、操作方法、案例解读划分，实用、好用	企业文化工作者的案头必备书，方法都在里面，简单易操作
	企业文化建设超级漫画版 邢　雷　著	以漫画的形式系统教你企业文化建设方法	轻松易懂好操作
	华夏基石方法：企业文化落地本土实践 王祥伍　谭俊峰　著	十年积累、原创方法、一线资料，和盘托出	在文化落地方面真正有洞察，有实操价值的书
	企业文化的逻辑 王祥伍　著	为什么企业之间如此不同，解开绩效背后的文化密码	少有的深刻，有品质，读起来很流畅
	企业文化激活沟通 宋杼宸　安　琪　著	透过新任HR总经理的眼睛，揭示出沟通与企业文化的关系	有实际指导作用的文化落地读本
	在组织中绽放自我：从专业化到职业化 朱仁健　王祥伍　著	个人如何融入组织，组织如何助力个人成长	帮助企业员工快速认同并投入到组织中去，为企业发展贡献力量
	企业文化定位·落地一本通 王明胤　著	把高深枯燥的专业理论创建成一套系统化、实操化、简单化的企业文化缔造方法	对企业文化不了解，不会做？有这一本从概念到实操，就够了
生产管理	**精益思维：中国精益如何落地** 刘承元　著	笔者二十余年企业经营和咨询管理的经验总结	中国企业需要灵活运用精益思维，推动经营要素与管理机制的有机结合，推动企业管理向前发展
	300张现场图看懂精益5S管理 乐　涛　编著	5S现场实操详解	案例图解，易懂易学
	高员工流失率下的精益生产 余伟辉　著	中国的精益生产必须面对和解决高员工流失率问题	确实来源于本土的工厂车间，很务实
	车间人员管理那些事儿 岑立聪　著	车间人员管理中处理各种“疑难杂症”的经验和方法	基层车间管理者最闹心、头疼的事，‘打包’解决
	1. 欧博心法：好管理靠修行 **2. 欧博心法：好工厂这样管** 曾　伟　著	他是本土最大的制造业管理咨询机构创始人，他从400多个项目、上万家企业实践中锤炼出的欧博心法	中小制造型企业，一定会有很强的共鸣
	欧博工厂案例1：生产计划管控对话录 **欧博工厂案例2：品质技术改善对话录** **欧博工厂案例3：员工执行力提升对话录** 曾　伟　著	最典型的问题、最详尽的解析，工厂管理9大问题27个经典案例	没想到说得这么细，超出想象，案例很典型，照搬都可以了
	工厂管理实战工具 欧博企管　编著	以传统文化为核心的管理工具	适合中国工厂
	苦中得乐：管理者的第一堂必修课 曾　伟　编著	曾伟与师傅大愿法师的对话，佛学与管理实践的碰撞，管理禅的修行之道	用佛学最高智慧看透管理
	比日本工厂更高效1：管理提升无极限 刘承元　著	指出制造型企业管理的六大积弊；颠覆流行的错误认知；掌握精益管理的精髓	每一个企业都有自己不同的问题，管理没有一剑封喉的秘笈，要从现场、现物、现实出发
	比日本工厂更高效2：超强经营力 刘承元　著	企业要获得持续盈利，就要开源和节流，即实现销售最大化，费用最小化	掌握提升工厂效率的全新方法

续表

生产管理	**比日本工厂更高效3:精益改善力的成功实践** 刘承元　著	工厂全面改善系统有其独特的目的取向特征,着眼于企业经营体质(持续竞争力)的建设与提升	用持续改善力来飞速提升工厂的效率,高效率能够带来意想不到的高效益
	3A顾问精益实践1:IE与效率提升 党新民　苏迎斌　蓝旭日　著	系统的阐述了IE技术的来龙去脉以及操作方法	使员工与企业持续获利
	3A顾问精益实践2:JIT与精益改善 肖志军　党新民　著	只在需要的时候,按需要的量,生产所需的产品	提升工厂效率
	手把手教你做专业的生产经理 黄　娜　著	物流、信息流、资金流,让生产经理管理有抓手	从菜鸟到能把控全局
员工素质提升	**TTT培训师精进三部曲(上):深度改善现场培训效果** 廖信琳　著	现场把控不用慌,这里有妙招一用就灵	课程现场无论遇到什么样的情况都能游刃有余
	TTT培训师精进三部曲(中):构建最有价值的课程内容 廖信琳　著	这样做课程内容,学员有收获培训师也有收获	优质的课程内容是树立个人品牌的保证
	TTT培训师精进三部曲(下):职业功力沉淀与修为提升 廖信琳　著	从内而外提升自己,职业的道路一帆风顺	走上职业TTT内训师的康庄大道
	培训师,如何让你的事业长青:自我管理的10项法则 廖信琳　著	建立了一套完整的培训师自我管理体系,为培训师的职业成长与发展提供有益的指引	培训师如何在自己的职业道路上越走越高,事业长青,一直有所收获与成长?本书将给你答案
	管理咨询师的第一本书:百万年薪 千万身价 熊亚柱　著	从问题出发,发现问题、分析问题、解决问题,让两眼一抹黑的新人快速成长	管理咨询师初入职场,让这本书开启百万年薪之路
	手把手教你做专业督导:专卖店、连锁店 熊亚柱　著	从督导的职能、作用,在工作中需要的专业技能、方法,都提供了详细的解读和训练办法,同时附有大量的表单工具	无论是店铺需要统一培训,还是个人想成为优秀的督导,有这一本就够了
	跟老板"偷师"学创业 吴江萍　余晓雷　著	边学边干,边观察边成长,你也可以当老板	不同于其他类型的创业书,让你在工作中积累创业经验,一举成功
	销售轨迹:一位快消品营销总监的拼搏之路 秦国伟　著	本书讲述了一个普通销售员打拼成为跨国企业营销总监的真实奋斗历程	激励人心,给广大销售员以力量和鼓舞
	在组织中绽放自我:从专业化到职业化 朱仁健　王祥伍　著	个人如何融入组织,组织如何助力个人成长	帮助企业员工快速认同并投入到组织中去,为企业发展贡献力量
	企业员工弟子规:用心做小事,成就大事业 贾同领　著	从传统文化《弟子规》中学习企业中为人处事的办法,从自身做起	点滴小事,修养自身,从自身的改善得到事业的提升
	手把手教你做顶尖企业内训师:TTT培训师宝典 熊亚柱　著	从课程研发到现场把控、个人提升都有涉及,易读易懂,内容丰富全面	想要做企业内训师的员工有福了,本书教你如何抓住关键,从入门到精通
	客诉处理金手指:客户投诉的应对与管理 孟广桥　著	立足于投诉处理的实践,剖析了不同投诉者投诉的特点和应对措施,并提供各种技巧方法、赢得客户信赖所需培养的品质修炼、处理投诉应掌握的法律法规等工具	是投诉处理人员适应岗位职能需要、提升工作技能的良师益友,是企业变诉为金、培养业务骨干的法宝

续表

营销类:把客户需求融入企业各环节,提供"客户认为"有价值的东西			
	书名.作者	内容/特色	读者价值
营销模式	**精品营销战略** 杜建君　著	以精品理念为核心的精益战略和营销策略	用精品思维赢得高端市场
	变局下的营销模式升级 程绍珊　叶　宁　著	客户驱动模式、技术驱动模式、资源驱动模式	很多行业的营销模式被颠覆,调整的思路有了!
	卖轮子 科克斯【美】	小说版的营销学!营销理念巧妙贯穿其中,贵在既有趣,又有深度	经典、有趣!一个故事读懂营销精髓
	动销操盘:节奏掌控与社群时代新战法 朱志明　著	在社群时代把握好产品生产销售的节奏,解析动销的症结,寻找动销的规律与方法	都是易读易懂的干货!对动销方法的全面解析和操盘
	弱势品牌如何做营销 李政权　著	中小企业虽有品牌但没名气,营销照样能做的有声有色	没有丰富的实操经验,写不出这么具体、详实的案例和步骤,很有启发
	老板如何管营销 史贤龙　著	高段位营销 16 招,好学好用	老板能看,营销人也能看
	洞察人性的营销战术:沈坤教你 28 式 沈　坤　著	28 个匪夷所思的营销怪招令人拍案叫绝,涉及商业竞争的方方面面,大部分战术可以直接应用到企业营销中	各种谋略得益于作者的横向思维方式,将其操作过的案例结合其中,提供的战术对读者有参考价值
	动销:产品是如何畅销起来的 吴江萍　余晓雷　著	真真切切告诉你,产品究竟怎么才能卖出去	击中痛点,提供方法,你值得拥有
	1000 铁杆女粉丝 张兵武　著	连接是女性与生俱来的特质。能善用连接的营销人员,就像拿到打开女性荷包的钥匙	重新认识女性的传播力量
	360°谈营销:一位营销咨询师 20 年实战洞察 王清华　古怀亮　著	各个角度,全方位,多视点剥营销	思路单一,此书帮你破
	营销按钮:扣动一触即发的力量 老　苗　著	提供各种奇形怪状的营销武器	一定会带给你不一样的思维震撼
销售	**资深大客户经理:策略准,执行狠** 叶敦明　著	从业务开发、发起攻势、关系培育、职业成长四个方面,详述了大客户营销的精髓	满满的全是干货
	成为资深的销售经理:B2B 、工业品 陆和平　著	围绕"销售管理的六个关键控制点"一一展开,提供销售管理的专业、高效方法	方法和技术接地气,拿来就用,从销售员成长为经理不再犯难
	销售是门专业活:B2B 、工业品 陆和平　著	销售流程就应该跟着客户的采购流程和关注点的变化向前推进,将一个完整的销售过程分成十个阶段,提供具体方法	销售不是请客吃饭拉关系,是个专业的活计!方法在手,走遍天下不愁
	向高层销售:与决策者有效打交道 贺兵一　著	一套完整有效的销售策略	有工具,有方法,有案例,通俗易懂
	卖轮子 科克斯　【美】	小说版的营销学!营销理念巧妙贯穿其中,贵在既有趣,又有深度	经典、有趣!一个故事读懂营销精髓
	学话术　卖产品 张小虎　著	分析常见的顾客异议,将优秀的话术模块化	让普通导购员也能成为销售精英
组织和团队	**升级你的营销组织** 程绍珊　吴越舟　著	用"有机性"的营销组织替代"营销能人",营销团队变成"铁营盘"	营销队伍最难管,程老师不愧是营销第 1 操盘手,步骤方法都很成熟
	用数字解放营销人 黄润霖　著	通过量化帮助营销人员提高工作效率	作者很用心,很好的常备工具书

续表

组织和团队	**成为优秀的快消品区域经理(升级版)** 伯建新　著	用"怎么办"分析区域经理的工作关键点,增加30%全新内容,更贴近环境变化	可以作为区域经理的"速成催化器"
	成为资深的销售经理:B2B、工业品 陆和平　著	围绕"销售管理的六个关键控制点"一一展开,提供销售管理的专业、高效方法	方法和技术接地气,拿来就用,从销售员成长为经理不再犯难
	一位销售经理的工作心得 蒋　军　著	一线营销管理人员想提升业绩却无从下手时,可以看看这本书	一线的真实感悟
	快消品营销:一位销售经理的工作心得2 蒋　军　著	快消品、食品饮料营销的经验之谈,重点突出	来源于实战的精华总结
	销售轨迹:一位快消品营销总监的拼搏之路 秦国伟　著	本书讲述了一个普通销售员打拼成为跨国企业营销总监的真实奋斗历程	激励人心,给广大销售员以力量和鼓舞
	用营销计划锁定胜局:用数字解放营销人2 黄润霖　著	全方位教你怎么做好营销计划,好学好用真简单	照搬套用就行,做营销计划再也不头痛
	快消品营销人的第一本书:从入门到精通 刘　雷　伯建新　著	快消行业必读书,从入门到专业	深入细致,易学易懂
产品	**产品开发管理方法·流程·工具:从作坊式到规范化** 任彭枞　著	产品研发管理体系全指导	既有工具,又能开拓思路
	新产品开发管理,就用IPD(升级版) 郭富才　著	10年IPD研发管理咨询总结,国内首部IPD专业著作	一本书掌握IPD管理精髓
	这样打造大单品:案例　策略　方法 迪智成咨询团队　著	囊括十三个不同行业、企业的实际案例,从不同角度详细剖析、总结了这些品牌厂家打造大单品的成功经验或者失败教训	厘清大单品打造的策划与路径,得出持续经营的思路与方法
	资深项目经理这样做新产品开发管理 秦海林　著	以IPD为思想,系统讲解新产品开管理的细节	提供管理思路和实用工具
	产品炼金术Ⅰ:如何打造畅销产品 史贤龙　著	满足不同阶段、不同体量、不同行业企业对产品的完整需求	必须具备的思维和方法,避免在产品问题上走弯路
	产品炼金术Ⅱ:如何用产品驱动企业成长 史贤龙　著	做好产品、关注产品的品质,就是企业成功的第一步	必须具备的思维和方法,避免在产品问题上走弯路
品牌	**中小企业如何建品牌** 梁小平　著	中小企业建品牌的入门读本,通俗、易懂	对建品牌有了一个整体框架
	采纳方法:破解本土营销8大难题 朱玉童　编著	全面、系统、案例丰富、图文并茂	希望在品牌营销方面有所突破的人,应该看看
	中国品牌营销十三战法 朱玉童　编著	采纳20年来的品牌策划方法,同时配有大量的案例	众包方式写作,丰富案例给人启发,极具价值
	今后这样做品牌:移动互联时代的品牌营销策略 蒋　军　著	与移动互联紧密结合,告诉你老方法还能不能用,新方法怎么用	今后这样做品牌就对了
	中小企业如何打造区域强势品牌 吴　之　著	帮助区域的中小企业打造自身品牌,如何在强壮自身的基础上往外拓展	梳理误区,系统思考品牌问题,切实符合中小区域品牌的自身特点进行阐述
渠道通路	**深度分销:掌控渠道价值链** 施　炜　著	制造商通过掌控渠道价值链,将管理触角延伸至零售层面及顾客现场,对市场根部精耕细作,从而挖掘需求,构筑区域市场尤其是三四级市场的竞争壁垒	深度分销是中国企业对世界营销的独特贡献。实践证明,互联网时代深度分销仍有生命力
	快消品营销与渠道管理 谭长春　著	将快消品标杆企业渠道管理的经验和方法分享出来	可口可乐、华润的一些具体的渠道管理经验,实战

续表

渠道通路	传统行业如何用网络拿订单 张　进　著	给老板看的第一本网络营销书	适合不懂网络技术的经营决策者看
	采纳方法:化解渠道冲突 朱玉童　编著	系统剖析渠道冲突,21个渠道冲突案例、情景式讲解,37篇讲义	系统、全面
	学话术　卖产品 张小虎　著	分析常见的顾客异议,将优秀的话术模块化	让普通导购员也能成为销售精英
	向高层销售:与决策者有效打交道 贺兵一　著	一套完整有效的销售策略	有工具,有方法,有案例,通俗易懂
	通路精耕操作全解:快消品20年实战精华 周　俊　陈小龙　著	通路精耕的详细全解,每一步的具体操作方法和表单全部无保留提供	康师傅二十年的经验和精华,实践证明的最有效方法,教你如何主宰通路

管理者读的文史哲·生活

书名．作者		内容/特色	读者价值
思想·文化	德鲁克管理思想解读 罗　珉　著	用独特视角和研究方法,对德鲁克的管理理论进行了深度解读与剖析	不仅是摘引和粗浅分析,还是作者多年深入研究的成果,非常可贵
	德鲁克与他的论敌们:马斯洛、戴明、彼得斯 罗　珉　著	几位大师之间的论战和思想碰撞令人受益匪浅	对大师们的观点和著作进行了大量的理论加工,去伪存真、去粗存精,同时有自己独特的体系深度
	德鲁克管理学 张远凤　著	本书以德鲁克管理思想的发展为线索,从一个侧面展示了20世纪管理学的发展历程	通俗易懂,脉络清晰
	王阳明"万物一体"论:从"身－体"的立场看(修订版) 陈立胜　著	以身体哲学分析王阳明思想中的"仁"与"乐"	进一步了解传统文化,了解王阳明的思想
	自我与世界:以问题为中心的现象学运动研究 陈立胜　著	以问题为中心,对现象学运动中的"意向性""自我""他人""身体"及"世界"各核心议题之思想史背景与内在发展理路进行深入细致的分析	深入了解现象学中的几个主要问题
	作为身体哲学的中国古代哲学 张再林　著	上篇为中国古代身体哲学理论体系奠基性部分,下篇对由"上篇"所开出的中国身体哲学理论体系的进一步的阐发和拓展	了解什么是真正原生态意义上的中国哲学,把中国传统哲学与西方传统哲学加以严格区别
	中西哲学的歧异与会通 张再林　著	本书以一种现代解释学的方法,对中国传统哲学内在本质尝试一种全新的和全方位的解读	发掘出掩埋在古老传统形式下的现代特质和活的生命,在此基础上揭示中西哲学"你中有我,我中有你"之旨
	治论:中国古代管理思想 张再林　著	本书主要从儒、法墨三家阐述中国古代管理思想	看人本主义的管理理论如何不留斧痕地克服似乎无法调解的存在于人类社会行为与社会组织中的种种两难和对立
	车过麻城　再晤李贽 张再林　著	系统全面而又简明扼要地展示了李贽独到的学术眼力和超拔的理论建树	帮助读者重新认识李贽的思想
	中国古代政治制度(修订版)上:皇帝制度与中央政府 刘文瑞　著	全面论证了古代皇帝制度的形成和演变的历程	有助于读者从政治制度角度了解中国国情的历史渊源
	中国古代政治制度(修订版)下:地方体制与官僚制度 刘文瑞　著	全面论证了古代地方政府的发展演变过程	有助于读者从政治制度角度了解中国国情的历史渊源
	中国思想文化十八讲(修订版) 张茂泽　著	中国古代的宗教思想文化,如对祖先崇拜、儒家天命观、中国古代关于"神"的讨论等	宗教文化和人生信仰或信念紧密相联,在文化转型时期学习和研究中国宗教文化就有特别的现实意义

续表

思想·文化	**史幼波《大学》讲记** 史幼波　著	用儒释道的观点阐释大学的深刻思想	一本书读懂传统文化经典
	史幼波《周子通书》《太极图说》讲记 史幼波　著	把形而上的宇宙、天地，与形而下的社会、人生、经济、文化等融合在一起	将儒家的一整套学修系统融合起来
	史幼波《中庸》讲记(上下册) 史幼波　著	全面、深入浅出地揭示儒家中庸文化的真谛	儒释道三家思想融会贯通
	梁涛讲《孟子》之万章篇 梁　涛　著	《万章》主要记录孟子与万章的对话，涉及孝道、亲情、友情、出仕为官等	作者的解读能帮助读者更好地理解孟子及儒学
	两晋南北朝十二讲(修订版) 李文才　著	作为一本普及性读物，作者尊重史实，运用“历史心理学”的叙事方法，分12个专题对两晋南北朝的历史进行阐述	让读者轻松了解两晋南北朝的历史
	每个中国人身上的春秋基因 史贤龙　著	春秋368年(公元前770－公元前403年)，每一个中国人都可以在这段时期的历史中找到自己的祖先，看到真实发生的事件，同时也看到自己	长情商、识人心
	与《老子》一起思考:德篇 史贤龙　著	打通文史，回归哲慧，纵贯古今，放眼中外，妙语迭出，在当今的老子读本中别具一格	深读有深读的回味，浅尝有浅尝的机敏，可给读者不同的启发
	说服天下:《鬼谷子》的中国沟通术 翟玉忠　著	由内圣而外王，从心力的培育到具体的说服理论，再到生动的说服案例	从商业到军事再到日常生活，沟通说服已经变得越来越重要
	读《管子》，知天下财富:轻重术与中国古典经济思想 翟玉忠　著	中国农业社会规模庞大的市场产生了复杂发展的经济理论——以《管子》轻重十六篇为核心的轻重术	本书分为道、术两大部分，有思想、有谋略，相信你会从中有所收获
	中国商道:从古典商书说开去 翟玉忠　著	对中国先秦和明清两个商品经济大发展时期商业典籍的第一次系统整理和诠释	中华商道一脉相承，造就了无数商业奇迹，成就了无数商业巨子。今人读之，必能获益
	跟陈忠建学写名家书法Ⅰ **跟陈忠建学写名家书法Ⅱ** 陈忠建　著	中国台湾著名书法教育家，用视频手把手教你摹写历代名家笔触	用拟古千字文的形式，学习名家的技巧
	像美国人一样讲话:教你记住800句最地道的美语 马方旭　著	本书基本囊括了在美国最常用最地道的800习惯用语表达，包含中英双语翻译，以及清晰明了的注解帮助增强记忆，加入视频等流行的记忆方法	易读易懂，趣味十足
	郑子太极拳理拳法 杨竣雄　著	走进郑子太极拳完整训练体系的大门，随着书中另一主角——师父的课程安排与每日功课的练习	当您学完这套书后，在掌握拳架的同时具备诸多正确的太极理念与系统知识
	内功太极拳训练教程 王铁仁　编著	杨式(内功)太极拳(俗称老六路)的详细介绍及具体修炼方法，身心的一次升华	书中含有大量图解并有相关视频供读者同步学习
	中医治心脏病 马宝琳　著	引用众多真实案例，客观真实地讲述了中西医对于心脏病的认识及治疗方法	看完这本书，能为您节约10万元医药费